1 MON'. FREE READING

at

www.ForgottenBooks.com

By purchasing this book you are eligible for one month membership to ForgottenBooks.com, giving you unlimited access to our entire collection of over 700,000 titles via our web site and mobile apps.

To claim your free month visit:

www.forgottenbooks.com/free613489

ISBN 978-0-656-49299-2
PIBN 10613489

Lyrische Gänge

von

Friedrich Theod. Vischer.

Stuttgart und Leipzig.

Deutsche Verlags-Anstalt (vormals Eduard Hallberger).

1882.

Druck der Deutſchen Verlags-Anſtalt (vormals Eduard Hallberger)
in Stuttgart

Lyrische Gänge?
Willst du dir schaden?
Kritischer Gänge
Reiskameraden?"

„Machst uns Gedanken!
Neben dem Richten
Muß wohl erkranken
fröhliches Dichten."

„Rauh sind die Gänge:
Steinige Wege,
Stoß im Gedränge,
Schwindliche Stege!"

„Hast du nicht Schwingen?
Kannst du nicht schweben,
Wolken durchdringen,
Himmelan streben?"

— Trunkenes Wiegen
Bleibe mir ferne!
Ohne zu fliegen
find' ich die Sterne.

Vischer, Lyrische Gänge.

Laß mich vertrauen,
Daß mir das Auge
Träumend zu schauen
In mir noch tauge.

Magst du mich sehen
Leiden und streiten,
Lasse mich gehen,
Lasse mich schreiten.

Fuß über Grüften
Fest auf den Festen,
Haupt in den Lüften,
So ist's am besten.

Jugendjahre.

An den Leser.

Mag das Lied, das alte, graue,
   Immerhin den Vortritt haben!
Wer verliebt in's Himmelblaue,
   Mag sich anderswo erladen.

Ja noch dunklere Gestalten, —
   Sind auch Lichtungen dazwischen,
Wo die heitern Farben walten, —
   Werden in den Zug sich mischen.

Trübe hat der Most gegoren,
   Frische Milch ward schnell zu Molke,
Auf des Morgens goldnen Thoren
   Lag die schwere, schwarze Wolke.

Ob der Most noch Wein geworden,
   Ob noch rein die Milch geflossen,
Ob durch düstre Wolkenhorden
   Siegend noch das Licht geschossen:

Dieses künftighin Vergangne
  Kann 'in seinen Finsternissen
Der umhangne, traumbefangne
  Dichter jetzt und einst nicht wissen.

Sprich ihn drum nicht gar zu schuldig,
  Der du ja un viel gescheidter,
Lieber Leser, sei geduldig
  Und lies eben weiter, weiter!

Das graue Lied.

———

Warum wird mir so dumpf und düster doch,
   So matt und trüb um die beengte Seele,
Wenn ich an einen grauen Nachmittag
   An meinen Büchern mich vergeblich quäle, —

Wenn wie ein aschenfarbiges Gewand
   Der Himmel hängt ob den verschlafnen Auen
Und weit und breit von dem geliebten Blau
   Nicht eine Spur das Auge kann erschauen?

Ein Geiglein tönt aus einem fernen Haus,
   Man hört es kaum, gefühlvoll thät' es gerne,
Gezognem Weinen eines Kindes gleich
   Mit dünnem Klang langweilig in die Ferne.

Kein Lüftchen geht, kein Grün bedeckt die Flur,
   Der Lenz ist da, doch will's ihm nicht gelingen,
Die alten Streifen winterlichen Schnee's
   In Wald und Graben endlich zu bezwingen.

So öd und still! Das schwarze Vöglein nur,
  Das frierend sitzt auf jenes Daches Fahnen,
Zieht langgedehnten traur'gen Laut hervor,
  Als wollt' es an ein nahes Unglück nahnen.

Ich weiß es wohl, solch grauer Nachmittag
  Ist all mein Wesen, all mein Thun und Treiben.
Nicht Wehmuth ist's, nicht Schmerz und auch nicht Lust,
  Das Wort spricht's nicht, die Feder kann's nicht schreiben.

Mir ist, als wär' ich selder Grau in Grau,
  Zu viel der Farbe scheint mir selbst das Klagen,
Ob Leben Nichts, od Leben Etwas ist,
  Wie sehr ich sinne, weiß ich nicht zu sagen.

Scheinleben.

———

Und seit des Nichts unsäglicher Gedanke,
  Ein wilder Blitz, mir in die Seele schlug,
Ist Schein geworden all mein Thun und Wesen,
  Ist all mein Leben eitel Lug und Trug.

Am Richtplatz sah man: wenn das Haupt gefallen,
  Auffährt der Rumpf und dedt zwei Schritte fort,
Das Auge zuckt und will die Welt noch sehen,
  Die Lippen stammeln noch ein leises Wort.

Fauſt'ſche Stimmen.

—

Frage.

Einſt wird die Weltpoſaune dröhnen
Und mächtig aus des Engels Mund,
Ein lauter Donner, wird es tönen:
Du Erde, öffne deinen Schlund!

Sie ſchüttelt träumend ihre Glieder,
Und alle Gräber thun ſich auf
Und geben ihre Todten wieder,
Die kommen ſtaunend Hauf zu Hauf.

Dann, wenn, den großen Spruch zu ſprechen,
Der Ew'ge ſich von Stuhl erhebt
Und ſtockend alle Herzen drechen
Und Todesangſt die Welt durchbebt

Und laut erkracht des Himmels Krone —
Dann ringsum Schweigen fürchterlich —,
Dann will ich ſteh'n vor ſeinen Throne
Und fragen: Warum ſchufſt du nich?

Kein Ende.

O sprich, warum denn soll ich leben,
Was soll der Finger, der mir droht?
Nichts ist mein Denken, Wollen, Streben,
Und was ich bin, ist eitel Tod.

Die Wonne beut mir ihre Schalen
Und keine Freude spürt mein Herz;
Ich lieg' in tausend heißen Qualen
Und fleh' um einen Tropfen Schmerz.

Ein neues Schwert ist jede Stunde,
Das mich in tiefsten Busen trifft,
Es wird an den verfluchten Munde
Der Liebe Becher selbst zu Gift.

Nichts ruhet aus. In tollen Schwanken
Wahnsinnig dreht die Welt um mich.
Kein Ende haben die Gedanken,
Und das, und das ist fürchterlich.

—⤐⬦⬥—

Der Schlaf.

Man hat schon oft gesagt,
Du seiest des Todes Bild,
O Knabe, still und mild,
Süßer Schlaf!

Ich aber versteh' es:
Veil die wilden Gedanken,
Die ungetriebenen, todeskranken,
Nicht mehr sind.

Morden kann ich sie nicht,
Aber sie nicken und schlummern ein
In deinem Dämmerschein
Ganz sachte.

Bringst du denn nicht auch bald,
Venn ich ruf' und flehe zu dir,
Deinen bleichen Bruder mir
An der Hand?

Bringst du ihn immer nicht?
Er hat, was das Herz vermißt,
Hat, was das Beste ist,
Kein Erwachen.

Stille.

Still, still, still!
Es schweiget Feld und See und Wald,
Kein Vogel singt, kein Fußtritt hallt;
Bald, bald
Kommt weiß und kalt
Der todte Winter
Neder dich, Erde,
Und deine Kinder.

Auch du wirst still,
Mein Herz; der Sturn, der sonst so wild
Dich rüttelt, schweigt. Ein jedes Bild
Verhüllt.
Ganz, ganz gestillt
Liegst du in Schlummer.
Es schweigt die Freude,
Es schläft der Kun ner.

Still, still, still!
Er kommt, er kommt, der stille Traum
Von einen stillen kleinen Raun.
Kaun, kaun,
Du müder Baun,
Kannst du noch stehen.
Bald wird dich kein Auge
Mehr sehen.

Die Nacht.

———

Am Himmel ist gar dunkle Nacht;
Die müden Augen zugemacht
Hat längst ein jedes Menschenkind;
Es wacht nur noch der rauhe Wind.

Der jaget sonder Rast und Ruh
Die Fensterläden auf und zu,
Die Wetterfahne hin und her,
Daß sie nuß ächzen und stöhnen schwer.

Doch sieh! aus jenen Fenster bricht
In's Dunkel noch ein mattes Licht.
Wer ist's wohl, der in tiefer Nacht
Bei seiner Lampe einsam wacht?

Ich schleiche dicht an's Fensterlein,
Schau' durch die runde Scheib' hinein,
Und einen Jüngling zart und schön
Seh' ich an einen Bette stehn.

Und wie ich nach den Bette schau',
Da schlummert eine kranke Frau.
Er bückt sich über's Bett hinein,
Es muß des Knaben Mutter sein.

Vom Bette läßt er nicht den Blick,
Er streicht das braune Haar zurück,
Sacht' hält er ihr das Ohr zun Mund,
Ob sie noch athme zu dieser Stund.

Das Kätzlein.

———

Zog der junge Wladislaw, zu jagen,
Einst von seiner hohen Burg herunter.
Wie er durch ein Dörflein kam gegangen,
Kam ein weißes Kätzlein, das die Hunde
Aufgescheucht, an ihn vorbeigesprungen.
Und er mochte nicht mehr jagen gehen,
Sondern mußte inner, inner horchen,
Wie es sprach in seinen lieben Herzen:
Daß ich doch dein kleines Kätzlein wäre,
Das an deinem Bette jeden Morgen
Bettelnd steht und lang nach deinen Augen,
Nach den zugeschloss'nen lieben Augen,
Harrend blinzt, bis du sie aufgeschlagen.
Wie das kleine Kätzlein das ersiehet,
Schnurrt und spinnt es und die weichen Seiten
Drückt es schmeichelnd an des Bettes Pfosten.
Und du sagst den Kätzlein guten Morgen
Und du streckst die runden weißen Arme
Aus den Bett und nimmst die kleine Katze,

Legst sie neben dich auf's linde Kissen,
Streichelst ihr die Stirne und den Rücken.
Und das Kätzlein auf den linden Kissen
Liegt bei deinen weißen, warmen Brüsten,
Die in sanftem Athemzug sich heben
Und sich senken, wie zwei reine Lilien
Auf des Flusses grüner Welle schwebend
Bald sich tauchen unter sanfte Wogen,
Bald erscheinen mit den süßen Kelchen.
Und das Kätzlein auf den linden Kissen,
Und das Kätzlein, das du schwatzend streichelst,
Und das Kätzlein an den weißen Brüsten,
Die gleich Wasserlilien ruhig wogen,
Schnurrt und spinnt und drücket zu die Augen;
Daß ich doch dein kleines Kätzlein wäre!

Der erste Schnee.

———

Der erste Schnee hat auf die weite Welt
    Still über Nacht das weiße Tuch gedreitet,
Die Häuser sind wie weißes Zelt an Zelt,
    Baum, Veg und Steg in schimmernd Weiß gekleidet.

Und wie ich so von warmen Stüdchen seh'
    In's weiße Dorf und auf die weißen Auen,
Konnt über mich, mit tiefem Wohl und Weh,
    Ein wacher Traun, ein helles inures Schauen.

Zum dunten Tuche wird das bleiche Feld,
    Drauf Bild um Bild sich warm in Farbe malet,
Und einen Christbaum seh' ich aufgestellt,
    Der buntbehängt, von Harze duftend strahlet.

Die Mutter steht und breitet Gaden aus,
    Die Kinder sind in Kännerlein gefangen
Und ängsten sich, ob nicht die Velt in Graus
    Vergehen könnt', eh' sie den Christ enpfangen.

Es ruft, der große Augenblick ist da,
    Der Vater holt uns zu des Himmels Schwelle;
Wie leuchtet bei den wonnevollen Ah!
    Sein braunes Aug' in milder, warmer Helle!

Er ahnet nicht, wie bald er scheiden muß,
    Als arme Waisen seine Kinder lassen.
Noch heute seh' ich, wie den letzten Kuß
    Die Mutter auf die Lippen drückt, die blassen.

Das Leben eilt. Schon winkt ein heitres Bild,
    Ein Kloster steht in Felsenthal geborgen.
Da blühen Knaben, frisch und gut und wild,
    Gefüllte Knospen in des Lebens Morgen.

Sie öffnen sich an starken, reinen Strahl,
    Geist strebt an Geist in Tausche sich zu laben
Und staunend fühlen sie zum ersten Mal,
    Wie tief das Glück ist, einen Freund zu haben.

Wohl mir zum reichen jugendlichen Bund!
    Ich bin nicht ich allein, ich habe Freunde!
Ich grüße fern, doch nah, mit Herz und Mund,
    Ein fröhlich Glied, die fröhliche Gemeinde.

Und noch! Was keimt noch, will an's Tageslicht?
    Was les' ich noch in bilderreichem Buche?
Der ersten Liebe selig Traumgesicht
    Spinnt sich und webt auf meinem weißen Tuche.

Was steigt, was taucht blondlockig aus den Schnee
   Und blickt mich an mit klaren Kinderauge?
Komm, theures Haupt, daß ich in's Aug' dir seh',
   Den lautern Quell, woraus ich Frieden sauge.

Im Busen weht es wie ein lauer Wind.
   Thaut mir's in Auge? Will der Schnee zerfließen?
Kommt alle, kommt! Ein liebesehnend Kind
   Will euch in seine treuen Arme schließen.

Ein Gaſt.

———

Was lärnt denn da vor neiner Hütten
    Noch ſür ein ungebetner Gaſt?
Er legt ſich eden nicht auf's Bitten,
    Er pocht und ſchellt nit wilder Haſt.

Das iſt die Reue, die ſchon lange
    Mit Geiſtertritt das Haus umkreiſt
Und endlich nun an Glockenſtrange,
    Am Klopfer ungeduldig reißt.

Da ſteht ſie nit dem todesblaſſen
    Geſicht, die welke Hand an Knauf,
Und ſchickt nir fordernd einen graſſen,
    Verſtörten, kranken Blick herauf.

Wer könnte Geiſter zwingen, dindeu?
    Dich ſperrt nicht Menſchenkraft hinaus!
Tritt ein, du wirſt Geſellſchaft finden,
    Es ſind der Larven nehr in Haus.

Ich had's geahnt, ſo könnt' es werden,
    Als ich erdat den erſten Kuß,
Ich had's geahnt, weil ſtets auf Erden
    Mit Leid die Freude ſchließen nuß.

Ich hab's geahnt, als ich ihr Treue
    Mit raunendem Gewissen schwor;
Auf Treue reint zu gut die Reue,
    Schon klang der Endreim nir in Ohr.

Der Wildbach, der hinauszuschießen
    In's weite Land noch schäumt und braust,
Er soll die Hütte nicht unfließen,
    Den stillen Hag, wo Friede haust.

Ich weiß ein Auge, nit den reinen
    Herzblick hat es nir oft gelacht,
Es wird nir lebenslang erscheinen
    Sternhell in dunkler Mitternacht.

So lauter fließt aus tiefster Quelle
    Sein unvergeßlich klares Licht —:
Ich weiß, es trübten diese Helle
    Auch all die heißen Thränen nicht.

Mild wird es nir in's Innre blicken,
    Kein Vorwurf wird zu lesen sein,
Ich aber werde Vorwurf pflücken
    Aus diesem offnen Himmelsschein.

Glaube.

———

Ich scheide, sprach der Knabe,
Doch sei dir, liebe Maid,
Herzinnige Treu geschworen
In alle Ewigkeit.

Nun er in fernen Landen
Um blut'gen Lorbeer wirbt,
Dem ungetreuen Manne
Die Lieb' in Herzen stirbt.

Doch inner, inner naget
In seiner Brust der Wurm,
Er hört die süße Stimme
Durch Schlachtengraus und Sturm.

Er sieht das klare Auge,
Er schläfet oder wacht,
Aufleuchtend, aufgeblättert
In grabesschwarzer Nacht.

Was frommt mir alle Reue?
Ruft er in wildem Zorn,
Es ist ja doch in Herzen
Versiegt der Liebe Born,

Das ausgebrannte Feuer,
Kein Wille bringt's zurück,
So muß ich denn zertreten
All ihres Lebens Glück!

Ermorden und zertreten —
Du unglückselig Weib!
Doch eh' die Seel' ich morde,
Mord' ich den zarten Leib.

Er lenkt, wie sonst, die Tritte
Nach seines Liebchens Haus,
Sie streckt, wie sonst, die Arme
Nach den Geliebten aus.

Liebst du mich denn noch immer
Im tiefsten Herzensgrund?
So ruft sie. Stumm und stille
Küßt er den süßen Mund.

Die Linke hat umschlungen
Einst seines Lebens Lust,
Die Rechte zuckt an Messer,
Durchbohrt die treue Brust.

Kind, es geschieht aus Liebe,
Der bleiche Mörder spricht.
Ich glaub' es, spricht sie leise,
Das treue Auge bricht.

Pastors Abendspaziergang.

Das Abendroth brennt an des Himmels Saum,
Ich schlendre so, als wie in halben Traum,
Zum Dorf hinaus auf grünem Wiesenwege
Am Wald hinunter, wie ich täglich pflege.

Rings auf der Wiese winnelt es und schafft,
Vom frischen Heu kommt nit gewürz'ger Kraft
Ein süßer Duft auf kühler Lüfte Vogen,
Mein alter Liebling, zu nir hergezogen.

Roth, Blau und Gold, ein ganzes Farbenreich,
Betrachtet sich in spiegelhellen Teich,
Wild-Enten sieht nan durch die Wellen streben
Und hoch in Lüften Weih und Sperder schweben.

Ein flüsternd Wehen geht in dunkeln Wald,
Die Vögel rufen, daß es weithin schallt,
Die Unke will sich auf der Flöte zeigen,
Die Grille zirpt und auch die Schnaken geigen.

Studiren wollt' ich einen Predigtplan,
Nun hör' ich selbst die große Predigt an,
Voll Kraft und Mark, ein Menschenherz zu stärken,
Die große Predigt von des Meisters Werken.

Wunder.

———

Daß die Lerchen wieder singen,
Daß sich Schmetterlinge schwingen,
Geld und schwarz nit goldnem Saun,
Daß sich grüne Gräser treiben,
Auch nicht Ein's zurück will bleiben,
   Man glaubt es kaun.

Daß sie bricht, die starre Binde,
Daß die lauen Abendwinde
Knospen zieh'n aus Busch und Baun,
Daß die Amsel tiefe, volle
Töne durch die Wälder rolle,
   Man glaubt es kaum.

Daß nan durch die Luft, so nilde,
Kinderschaaren, liebe wilde,
Jauchzen hört in sernen Raun —
Lang in dumpfen Haus gesessen,
Aber schnelle, schnell vergessen —
   Man glaubt es kaun.

Und es will nich inner fragen,
Mir in's Ohr ein Wörtlein sagen,
Und es ist nir wie in Traun,
Daß ich selbst vor Jahren, Jahren
Spielte nit den Kinderschaaren,
  Man glaudt es kaun.

Angst.

___

Warum denn dringt und dringet wieder
    Mir Todesangst durch Mark und Bein?
Was rieselt durch die starren Glieder
    Und schüttelt nich wie Fieberpein?

Hat alte Blutschuld eingeschrieben
    Mich einst in der Lebend'gen Buch?
Sind nir nicht rein die Hände blieben
    Von des Verbrechens ew'gem Fluch?

Verbirgt ein mörderischer Sünder
    Sich unter neiner Ahnen Zahl
Und schwingt auf Kind und Kindeskinder
    Ein zorn'ger Gott den Rachestrahl?

Nichts weiß ich von so dunklen Spuren,
    Von eigner fluchbelegter That,
Ich wandle durch des Lebens Fluren
    Schlicht wie ein Andrer neinen Pfad.

Hab' ich zu kühn nach hellen Wissen,
   Nach ungefärbtem Licht gestrebt,
Den Schleier allzukeck zerrissen,
   Der sich un Kinderaugen webt?

O nein, ich habe nie gezaget
   Vor den Popanz der feigen Welt,
Ich hab' es in ner drauf gewaget,
   Daß auch die Irmensäule fällt.

Warum denn dringt und dringet wieder
   Mir Todesangst durch Mark und Bein?
Was rieselt durch die starren Glieder
   Und schüttelt nich wie Fieberpein?

Es steht ein altes Wort geschrieben,
   Es schwebt nir vor. Wie heißt es nur?
Halbhell ist nir's in Geist geblieben,
   Mir klingt's wie: Angst der Kreatur.

Ja, das wird's sein! Ihr Athem bedet,
   Weil jeder Tag nur Schuldnerfrist,
Sie stirbt voraus, derweil sie lebet,
   Sie weiß: sie ist nicht, weil sie ist.

O, mög' es ein Gewitter enden!
   Um Sturm und Blitze fleht nein Schmerz,
O, send' ein Gott, die Angst zu wenden,
   Mir jähe Schrecken in das Herz!

Vor Geistern auf den Schlachtfeld stehen,
    Das legt sich auf die Brust wie Blei;
Kann ich den Feind in's Auge sehen,
    Wird wohl der Athem wieder frei.

Und schreitet e r in Feindes=Reihen
    Voran, der gründlich stets verfuhr:
Es sei! Der Tod nur kann befreien
    Von aller Angst der Kreatur!

Der Erste.

———

Dich möcht' ich kennen, stolzer Göttersohn,
Der du zuerst in ungeheuern Schmerz
Dem ew'gen Fluch, der blassen Furcht zum Hohn,
Den Stahl gezücket auf das eigne Herz,

Der du zuerst geboren und erfaßt
Den Wuthgedanken, den kein Mensch noch trug,
Von dir zu schleudern dieses Lebens Last,
Den Blitz, der noch in keine Seele schlug,

Den grellen Schrei, der durch die Himmel schallt,
Den Bruch mit Allem, was das Herz erfreut,
Den Sturz, den jede lebende Gewalt,
Den Erd' und Höll' und Himmel uns verbeut.

Vor meinem Auge richtet sich empor,
Die Blicke rollen göttlich stolz und wild,
Umflattert rings von grauser Larven Chor,
Dein aufgerecktes, geisterbleiches Bild.

Zum Himmel blickst du und dein Auge sagt:
Du Sonne dort, meinst du, ich liebe dich?
Zur Erde blickst du und die Stirne klagt:
Du Thörin, du, warum gebarst du mich?

Sie aber trägt den harten Vorwurf nicht
Und sendet leis, wie durch des Traumes Thor,
Umflossen weich von rosenfarbnem Licht,
Bekannte Bilder, Hand in Hand, hervor.

Der Kindheit Unschuld und der Freundschaft Glück,
Der ersten Liebe süßes Herzeleid,
Die Hoffnung mit den weiten, großen Blick,
Des Glaubens Kraft und stille Seligkeit.

Sie schauen ihn mit blauen Augen an,
Sie schütteln trüb das blonde Lockenhaupt,
Als fragten sie: welch unglückselʼger Wahn
Hat unsrem Reich den lieben Freund geraubt?

Wehmüthig lächelt er — zum letzten Mal,
Der alte Zorn, ein stolzer Löwʼ, erwacht,
Die Waffe blitzt, es zischt ein rother Strahl,
Er stürzt zusammen in die ewʼge Nacht.

Mädchens Abendgedanken.

———

Wer der Meine wohl wird werden?
   Ob nein Aug' ihn wohl schon sah?
Wo er wandeln nag auf Erden?
   Ist er ferne oder nah'?

Wird er schön von Angesichte
   Oder doch nicht häßlich sein?
Krause Locken? Augen lichte?
   Groß von Wuchse oder klein?

Stark von Gliedern oder schmächtig?
   Ob er leicht im Tanz sich schwenkt?
Ob er nüchtern, streng, bedächtig,
   Oder recht romantisch denkt?

Oberamtmann oder Richter
   Voller Ernst und Gravität?
Ist er Künstler, oder Dichter?
   Ob er auch Musik versteht?

Vischer, Lyrische Gänge.

Ein Gelehrter, reich an Wissen,
   Der studirt und Bücher schreibt,
Dem jedoch zu Scherz und Küssen
   Wenig Zeit nur übrig bleibt?

Ist er wohl vom Handelstande?
   Ist's ein Kriegsmann, keck und brav?
Ist er Pfarrer auf den Lande,
   Oder gar ein schöner Graf?

Ist die Liebe denn recht innig,
   Die er dann in Herzen trägt,
Da das neine ja so minnig
   Jetzt schon ihm entgegenschlägt?

Sagt nir's, holde Blütendüfte,
   Die ihr weht in's Kännerlein,
Sagt nir's, leise Abendlüfte,
   Sag' nir's, sanfter Mondenschein!

Sagt nir's, Elfen, kleine, lose,
   Die ihr lauscht und lacht und nickt,
Sag' nir's, süße, rothe Rose,
   Die nir in das Fenster blickt!

Saget nir's, ihr klugen Sterne,
   Die herauf an Hinnel zieh'n!
Triede schwellen in die Ferne,
   Und sie wissen nicht, wohin?

Liebesarme stehen offen,
   Ach, wen sollen sie empfah'n?
Lippen, die auf Küsse hoffen,
   Ach, wer wird zum Kusse nah'n?

Oder soll ich lieder sagen,
   Lieblich sei's, so blind zu sein?
Dieses Klagen, dieses Fragen
   Sei uns Mädchen süße Pein?

Träume können sel'ger spielen
   Kindern gleich in leeren Haus,
Wenn nach unbekannten Zielen
   Holde Wünsche ziehen aus?

Freudig Bangen! Bange Freude!
   Ungewisser, finde mich!
Leid in Lust und Lust in Leide!
   Künftiger, ich liebe dich!

Trinklied.

———

Laßt mich trinken, laßt mich trinken,
   Laßt von diesem Feuerwein
In ner neue Fluten sinken
   Mir in's durst'ge Herz hinein!

Jedes Ende sei vergessen!
   Wie's in Innern drängt nnd schafft!
Sagt, wer will nir jetzo messen
   Grenz' und Schranke neiner Kraft!

Stellt nir schwere, weite, blanke
   Becher ohne Ende her,
Füllet sie nit diesem Tranke,
   Und ich trink' euch alle leer!

Bringt nir Mädchen, schöne, wilde,
   Noch so spröd und noch so stolz,
Schickt die schreckliche Brunhilde,
   Alle trifft der Liebesbolz!

Stellet nir die schwersten Fragen!
  Wo das ew'ge Räthsel ruht?
Feuerhell und aufgeschlagen
  Schwinnt es hier in rothen Blut!

Gebt nir Staaten zu regieren!
  Kinderspiel soll nir es sein!
Gebt nir Heere anzuführen,
  Und die ganze Welt ist nein!

Burgen möcht' ich jauchzend stürmen,
  Ihre Fahnen zittern schon,
Felsen, Felsen nöcht' ich thürmen
  Und erodern Gottes Thron!

Die Hyazinthe.

———

Ich grüße dich, du wunderbarer Duft,
Der sich in diesen zarten Kelchen wieget,
Du Schiff, worin durch dunkelblaue Luft
Die Seel' entzückt nach fernen Ufern flieget.

Das Steuer ist ein alter, alter Traum
Von andern Zeiten, himmelschönen Auen,
Gold ist der königlichen Ströme Schaum
Und hohe, schlanke Palmen sind zu schauen.

Die Lotosblume schwimmt auf blauer Flut,
Die Welle scheint nit holder Scham zu fragen,
Welch Wunder ihr in keuschen Schoße ruht?
Doch nur die Kinder wissen es zu sagen.

Gefangen.

Als einst in jenes Laubdachs Dunkelhelle
  Voll Inbrunst neine Arne dich umschlangen,
  Als Haupt an Haupt und Wang' an Wange drangen,
Du schlankes Reh, schwarzäugige Gazelle,

Da traf ein Mücklein auf die holde Stelle,
  Und zwischen unsern angeschmiegten Wangen
  Hat es in irren Taumel sich gefangen,
Es surrt und zappelt, will entfliehen schnelle.

Nicht wahr, du Scheln, das hat dir nicht geträumet,
  Es warte dein so wunderlich Verhängniß?
  So bleibe nur und werde nicht so bange!

Ein wohnlich Häuslein ist dir eingeräumet,
  Gelinde Haft, anmuthiges Gefängniß,
  Das liebe Grübchen in der weichen Wange.

An das Bild Peter Vischer's

am Sebaldusgrab in Nürnberg.

———

Wie du nach mir mit wohlbekannten Zügen,
   Im Schurzfell, Hammer, Meißel in der Faust,
Breitschultrig, stämmig, ehrenfest, gediegen,
   Du wackres Ahnenbild, herüberschaust,

Da fühl' ich das verwandte Blut sich regen;
   Wir kennen uns, sag' ich, sagst du zu mir,
Und doch, mich mahnt's mit schmerzlichem Bewegen,
   Nicht reines Feld ist zwischen mir und dir.

Ja, ja, ererbt von den getreuen Alten, —
   Kaum weiß ich's noch, die Zeit ist schon so lang —
Drang mich ein Geist, zu schaffen, zu gestalten
   In Erz, in Farben, in des Wortes Klang.

Ihm flog voran und wiegte sich in Blauen
   Ein frischer Sinn, weit wie die Welt und frei,
Und trug von Allem, was da ist zu schauen,
   Willkommner Beute reichen Stoff herbei.

Bereites Werkzeug war den innern Dichter
   Ein Auge, das nicht stumpf und irrend schweift,
Das jeden Wesens Bildung, Maß und Lichter
   Mit sichrem Blicke findet, faßt und greift.

Des Lebens Wendung, nicht will ich sie schelten,
   Die in der Denker stirngefurchte Reih'n,
In die gestrengste aller Geisteswelten
   Weitab nich trug von heitern Sinnenschein.

Doch ein Getheilter bin ich nun geworden,
   Ein halbes hier, und dort ein halbes Glück,
Den Scheitel grüßet kalte Luft aus Norden
   Und nach den Süden geht der feuchte Blick.

Der Denker Paßamt fordert hin und wieder
   Den Ausweis und bezweifelt, ob er ächt,
Der Ahnherr zuckt mir fragend durch die Glieder:
   Wo bleibst du, Sohn? Du giengst? Es war nicht recht.

Zufall.

I.

Da tritt sie eben aus des Nachbars Hause,
 Sieht mich vorübergehen an der Schwelle,
 Und wirft erröthend, mit zu jäher Schnelle
Die Thüre zu, das Kleid ist noch in Sause,

Die Thüre wird zur Falle, wird zur Klause:
 Einklemmt den Rock ein neckischer Geselle,
 Ein Elf, ein Puck, und fesselt sie zur Stelle,
Gefangen steht sie mir zum Augenschmause.

Erschrick nur nicht! Ich seh' es nur verstohlen,
 Ich thu', als merk' ich's nicht, und unterdessen
 Hast du dir Hülfe schon herbeigeklinket!

Doch Eines freilich sei dir nicht verhohlen:
 Sieh, flüchtig Kind, so geht's, wenn man vermessen
 Dem Sterne trotzt, der uns zusammenwinket!

II.

Ich sah sie noch mit ihrer langen Nase
  Und ihrer Brille aus den Fenster blicken,
  Ich höre sie den langen Draht noch zücken,
Dir aufzuthun, die gelbe alte Base.

So bist du frei und wandelst deine Straße.
  Ein Aberglaube will nich da berücken,
  Umfliegt nein Haupt wie unbequeme Mücken
Und will nicht weichen, wie ich schlag' und blase.

Ach, ein Symbol! Vom Schicksalsgang ein Bildniß!
  Es werden dich die Vetter und die Basen
  Aus Geisterfallen, inkorrekten Ketten,

Aus Zauberthales mondbeglänzter Wildniß
  Fortzieh'n nit Hülfe ihrer langen Nasen
Und in die schnurgerechte Straße retten.

Doris.

Ihre schönen Schuhe verblendeten ihn,
ihre Schönheit fieng sein Herz, aber
sie hieb ihm den Kopf ab.
Buch Judith 16, 11.

I.

Seit ich's gesehen, bin ich wie betrunken:
  Der schlanken Glieder federleichtes Schweben,
  ·Dieß Neigen, Beugen, liebliche sich Geben,
Durchblitzt bin ich von tausend Feuerfunken.

In Nichts ist aller andre Reiz versunken;
  Wenn Andre nach der Töne Takt sich heben,
  Die eingelernten Tanzeskreise weben,
Es scheint mir nur ein eitel mühsam Prunken.

Darf ich mit dir in Fluge mich bewegen,
  Herz eng an Herz, von deinem Arm umschlungen,
  Sylphide du, in Elfenland geboren,

Wie klopft mein Puls von Freudefieberschlägen!
  Von neuem Leben bin ich ganz durchdrungen,
  Doch ach, den Kopf, den hab' ich ganz verloren.

II.

Der Judith Schuhe thaten's nicht alleine,
  Die Haube nicht, die Spangen nicht, die schönen,
  Sie tanzte dir zu Harf= und Cymbeltönen
Im Zelte vor in Lampendämmerscheine.

Da riefest du: bei Gott! so schön tanzt keine!
  Feldhauptmann du von Assur's wilden Söhnen,
  Dein Kopf begann zu drehen und zu dröhnen,
Betrunken wardst du nicht allein von Weine.

Du nicktest ein, da packt sie dich bei'm Schopfe
  Und holt ein Schwert, das Haupt dir abzuschlagen,
  Und haut — gilt nir's? nich faßt ein kalter Schauer —

Dann geht sie hein nit deinem arnen Kopfe,
  In einen Sacke nuß die Magd ihn tragen,
  Und schrecklich grinst er von Bethulia's Mauer.

III.

Wie schwach ist doch das Menschenvolk in Ganzen!
  So auch Herodes! Vor Herodias' Schlingen,
  Vor ihrer Füßchen zauberischem Schwingen,
Vor all der Reize Pfeilgeschoß und Lanzen

Wußt' er den Kopf so wenig zu verschanzen,
  Daß ihr's gelang und ihren süßen Dringen,
  Ihm eine blut'ge Vollmacht zu entringen
Und so des Täufers Kopf hinwegzutanzen.

Zwei Köpfe denn! Der eine nur verblendet,
  Der andre fort, beseitigt, abgeschlagen!
  Haupt eines Fürsten, heilig Haupt das andre!

Ich, der ich eines nur daran gewendet,
  Was ist da viel zu schelten, zu verklagen,
  Wenn ich nun kopflos durch die Gassen wandre?

IV.

Wer seine Seele liebend hingegeben,
  Verdoppelt, sagt man, wird er sie gewinnen;
  In deiner Seele will ich denn beginnen
Den Schatz der meinen reicher nur zu heben.

Hell in die Augen strahlt dein Außenleben,
  Wo ist denn deine Seele nun da innen?
  Ich suche sie mit allen meinen Sinnen
Und mich befällt ein Schwanken und ein Schweben.

Ach, in die Glieder ist sie dir gefahren,
  In deinen Füßchen tanzt sie auf und nieder,
  Ein Irrlicht, Menschenkinder zu verhexen.

Wer seine Seele mocht' in dir verwahren,
  Als Erd-, als Luftgeist findet er sich wieder,
  Als Quellgeist, Salamander oder Feyen.

V.

Beschwerlich Uebel, schnödes Misbehagen
    War nir von jeher Alteration;
        Kaun trifft ein Schrecken nir den Nerv, und schon
Ist er nir in den Magen auch geschlagen.

Treulose Doris! die nit kalten Hohn
    Die Zeit verleugnet, wo nit süßem Wagen
    Die Liebe uns zum Himmelreich getragen,
Ist alle Huld aus deiner Brust entflohn?

Nun denn! verlachst du neine düstern Klagen,
    Ist dieses Herz so hart wie Kieselstein,
    Entschlossen, neiner Seele Glück zu enden,

Läßt du dich nicht erweichen und nicht wenden,
    So hade doch, ich fleh' in neiner Pein,
    Hab' Einsicht, schrecklich Weib, in neinen Magen!

VI.

Wohl nir! Ich werde frei, ich kann vergessen!
    Schon fühl' ich ein Verkühlen, ein Verwehen,
    Ein Weichen, ein Zerrinnen, ein Zergehen
Des Albdrucks, der so lange nich besessen.

Ich kann die Heilung daran schon ermessen,
    Daß neinen Gaunen, wie so lang geschehen,
    Nicht nehr des Koches Werke widerstehen:
Wohl nir! Ich kann gedeihlich wieder essen!

Nur fühl' ich öfters noch ein hörbar Knurren,
   Ein seltsam Kollern untenher von Magen:
   Was kündet mir die tiefgeholte Mantik?

Nichts kündet sie; das unterird'sche Murren,
   Nur schöner Nachklang ist's von jenen Tagen,
   Nur zarter Rest entzückender Romantik.

VII.

Doch nein! Nicht so! Ich schließe nicht wie Heine!
   Nicht sei von uns das Spiel des Hohns gepflogen,
   Der zuckend reißt an Violinenbogen
Und frech zerkratzt die Melodie, die reine.

Seit ich um die Entfernte nicht mehr weine,
   Seit ganz die schwere Lösung ist vollzogen,
   Ward sie dem Auge, dem sie nie gelogen,
Zum Kunstwerk erst, zum reinen schönen Scheine.

Sie kommt wie jene reizenden Gestalten
   Im Geist zu mir, die in Pompeji's Hallen
   Auf dunklem Grunde farbenhell sich heben.

Sie tanzen; in bewegten, leichten Falten
   Sieht man das Kleid den schönen Leib umwallen —
   Wo bleibt der Boden? Schau! sie fliegen, schweben.

Immer zu.

Gestern, ah! das war ein Schweden,
  Als zum Tanz die Hand sie gab!
Ueder Stock und Steine streben
  Muß ich heut an Wanderstab.

Gestern glänzten weiße Brüste,
  Die ein tiefes Athmen hod,
Heute starren in der Wüste
  Felsenblöcke rauh und grod.

Gestern noch nit heißen Küssen
  Deckte nich ihr weicher Mund,
Heut von scharfer Dorne Rissen
  Trag' ich Hand und Wange wund.

Gestern löste mir die Glieder
  Süßer Liebe Feuertrank,
Heute lieg' ich frierend nieder
  Auf des Erdgrunds harte Bank.

Auf! frischauf und nicht gezaget!
  Weiter in die Welt hinein!
In ner zu und frisch gewaget,
  Heute darf nicht gestern sein!

Tand.

———

O, es ist nichts! Dieß Alles ist ja Tand!
Was hält noch den an holder Täuschung Band,
Der weiß, daß Nichts ist, und nach Art der Narren
In seiner Seele schuldigem Erblinden
Hinlief zu euch, zu suchen und zu scharren,
Ob nicht ein Etwas da noch sei zu finden!

Doch Einmal, ja! zum ächten Edelstein
Drang da der Bergmann glücklich grabend ein,
Zum Diamant der Einfalt und der Treue.
Das war ein Etwas, war das Salz der Erden! —
Was blieb ihn, als das Thränensalz der Reue?
Treulos an solchem Kleinod mußt' ich werden!

Reiter=Weckruf.

———

„Ist's nicht genug geruht? Ist's nicht genug geruht?
Auf! Auf! Auf, frisches Reiterblut!
Denkt euch, der Feind sei da!
Auf, auf! Ja! ja!"

   So thut es, so klingt es,
So schmettert's, so singt es,
So stößt es und fährt durch den Nebelduft
Hinaus in die Morgenluft.
Trompetenruf, Trompetenstoß!
O, gieng' es los, o, gieng' es los!
Auf den Feind hinein
In gedrängten Reih'n!
Marsch! Marsch! und eingehauen!
Dürfte ich das noch schauen!
Nicht schauen allein!
Mitten unter den Braven sein,
Mitthun, zu Rosse sitzen,
Wenn die Thiere wiehern, die Klingen blitzen,
Und erjagen helfen in Schlachtenbrand
Ein Vaterland, ein Vaterland,

Ein Deutſchland, das wir nicht haben,
Mit den Säbel holen und graben,
Wenn ein heiliger Krieg uns endlich eint
Gegen den alten frechen Feind,
Den Räuder, der ſeiner Beute
Sich rühmet noch heute!
Und dann, ja dann,
Ganz Mann,
Dann in flammenden Kampfgewühl,
In des Lebens ſchwellendem Hochgefühl
Todeswund
Ausſchütten die Seele auf blut'gen Grund,
Sterben als braver Soldat
In einer That,
Ja, das wär' etwas,
Das ſieht nicht ſo blaß!
Sterben als draver Reiter,
Das wär' geſcheidter.

Wasserfall.

———

Wasser.

Nun, Fels, wie steht's?

Fels.

Fest.

Wasser.

Wir haben etwas mit einander zu sprechen.

Fels.

Was soll's?

Wasser.

Biegen oder brechen.

Fels.

Das wäre!

Wasser.

Hinab muß ich. Platz da! Schnell!

Fels.

Sachte, sachte, du grober Gesell!
Sieh, da beiseit durch die moosigen alten,
Die engen, winkligen Felsenspalten
Findet sich schon ein Wegchen, für dich
Breit genug, nun bescheide sich.

Wasser.

Zickzack und eng und klein!

Auf spitzige Klippen

Stoßen nit Gellen

Die schwellenden Wellen

Ihre murmelnden Lippen!

Platz, Platz! Es kann nicht sein!

Fels.

Du Grobian!

Komm her, sieh nich an!

Seit Jahrtausenden steht

Mein Bau, für ewig gewoben.

Siehst du, wie der Wald dort oben

Auf neinen ehrwürdigen Scheitel weht?

Willst du es hören,

Das Geisterflüstern,

Das durch die düstern

Alten Föhren

Dunkle Sagen

Von alten Tagen,

Von den Tagen der Sintflut trägt?

Steh' still im Lauf

Und schau' hinauf

An diesen Wänden, wie von Erz gethürmt,

Unbezwinglich,

Undurchdringlich,

Ob der Regen sie peitscht, der Orkan sie bestürmt!

Riesenhoch!

Dann frage noch,

Ob nich, den Recken,

Dein kindisches Trotzen könne schrecken.

Waſſer.

Du nußt! Du nußt!
Kommet zu Hauſ,
Ihr Fluten, ziſcht auf,
Hackt in die Felſenbruſt
Die gähnende Wunde!
Stürzt her wie bellende Hunde,
Mit dem milchweißen, ſcharfen Zahn
Wüthend zu packen
Die trotzigen Zacken!
Kommt an, kommt an
Wie Schlangen geringelt!
Die Pfeiler umzingelt!
Schüttelt,
Rüttelt!
Horch, ſchon vernehm' ich ein dumpfes Jammern
In den alten triefenden Felſenkammern,
Ein Zucken und Stöhnen,
Ein Reißen und Dröhnen —

Fels.

Weh! Weh!
Tief in Herzen erſchüttert!
Die Tanne zittert
Auf meinen Haupt. Ein Stich
Durchzuckt mich!
Ich verzweifle. Ach, ach!

Waſſer.

— — Krach!
Dumpfdonnernd, Stoß auf Stoß,

Stürzt der Koloß,
Zerschmettert, zerschlagen,
Mir in den schäumenden Schooß!
Meine Wogen jagen
Ueber die Fichten, zerrauft, zerknickt,
Die sein prahlendes Haupt geschmückt!
Was noch soeben gepocht, gedräut,
Jetzt wie in Wahnsinn umhergestreut!
Jetzt ist Freiheit!
Jetzt brause nur auf in Uebermuth,
Brüste dich prachtvoll, du stolze Flut!
Ueder die Trümmer, über die Bäune
Stürzet, ihr brausenden, tosenden Schäune,
Geuß dich, du reiner, du silberner Strahl,
Hinunter, hinunter in's sonnige Thal!

Fels.

Und in Tode noch räch' ich mich,
Quäle dich!
An diesen moosigen Blöcken,
An diesen scharfen Kanten
Zerstäubet mit Schrecken,
Werdet zu Schanden,
Ihr stolzen Wellen!
Euch frechen Gesellen
Soll mein zerschmettert, zerschlagen Gedein
Mächtiger Dann noch und Hinderniß sein!

Wasser.

O, du hinderst mich nicht!
Wenn die Welle sich dricht,

Wenn du sie hemmst in pfeilschnellen Lauf,
Braust sie gewaltiger, herrlicher auf,
Springet mit zürnender, donnernder Macht
Blendend in schäumender, perlender Pracht
Ueber Klippen, über Gestein,
Wühlt in die nächtliche Tiefe sich ein,
Reißt sich in's schaurige, klüftige Grab
Siedend in rasendem Strudel hinab,
Dann in neuer Schöne
Kommen hervor,
Steigen empor
Meine wilden Söhne,
Die schneeweißen Taucher; und mit Gewalt
Angeprallt
An dem Felsen, spring' ich in schuppigem Reif
Hoch auf, wie ein Fächer, ein Pfauenschweif
Blättr' ich auf die blitzenden Wellen.
Und sieh, hier ist Raum,
Hier stört kein Fels, kein Baum,
Hier kann ich hinaus mich schnellen,
Kann frei durch die Lüfte
Hinab in die Klüfte
Wallende, fallende Wasser gießen,
Kann in Einer reinen Linie fließen,
Wie von der Jungfrau Scheitel hernieder
Ueber das Antlitz, die schlanken Glieder,
Schwebend über die süße Gestalt,
Schimmernd ein weißer Schleier wallt.
Doch wo von Fall

Im vollen Schwall
Aufstürzen die Waffer, da gibt es ein Braufen,
Ein hohles Donnern, ein zifchend Saufen!
Danpfen Wolken von feuchtem Staub
Weithin auf Hügel und Gras und Laub,
Und wie fie wirdeln und wie fie wogen,
Schwingt fich, durch's flimmernde Grau gezogen,
Prächtig ein glühender Regenbogen.
Und es erfcheinen
Die Menfchen, die kleinen
Menfchen an neinen flanken,
Auf Brücken, auf Planken,
Stehen und reißen die Augen auf
Zu neinen Sturmeslauf,
Schauen das liebliche farbenwunder,
Schauen das blitzende Silberband,
Blinzen in's grollende Gähren hinunter,
Laufchen dem Donner und feftgebannt
Mit zuckender Wimper an fchaurigen Raud
Erkennen fie alle nit Staunen an,
Wie ich herrlich wandle die Siegesbahn.

Thal.

Hör' auf zu toben, fo ftolz, fo wild,
Siehe, wie liedlich mild
Die fammtenen Matten
Im Abendfchatten
Zur Ruhe laden.
Es nöchten ihr zartes, zitterndes Bild
Blunen in deinem Spiegel baden.

Laß das Reh, das muthige Füllen
An deinem Ufer trinken.
Hörst du der Heerden fernes Brüllen?
Hörst du verhallen der Hirten Gesang?
Siehest du winken
Am Berg entlang
Das Kirchlein, die frommen Hütten?
Höre mein Bitten!

Wasser.

Da wär' ich! ah! das war ein Leben!
Doch nun will ich dienen der Menschenhand,
In der Thäler sanftes, grünes Gewand
Will ich den silbernen Gürtel weben,
Will die frommen, hellen,
Plaudernden Wellen
Ruhig schlängelnd durch Gärten gießen,
Will schwatzend an Blumen vorüberfließen;
Der Hirsch, das Reh
Sollen aus meinen Fluten trinken
Und in holdem Weh,
Wenn die Sterne blinken,
Mag eine Jungfrau, die einsam wacht
In lauer Sommernacht,
Meinen Rauschen
Lauschen.

Hinaus.

Perugia.

I.

Dieß linde Säuseln in der Luft,
  Was will es n i r wohl sagen?
Auf Berg und Thal der blaue Duft,
  Wohin will er n i ch tragen?

Die Villen i n Olivenwald,
  Die Höhen sanft geschwungen,
Die Mauer braun und Völker=alt,
  Von Ephen rings umschlungen,

Des Volkes fremde Art und Tracht,
  Der schwarzen Augen Funkeln,
Der Sprache Klang, des Schlosses Pracht,
  Wo rings Cypressen dunkeln!

Am Hügel dort schwingt sich e n por
  Ein altergrauer Bogen;
Als Sieger ist durch dieses Thor
  Octavius gezogen.

Dort jene hohe Zinnenwand,
  Für ew'ge Zeit errichtet,
Von rühriger Etrusker Hand
  Aus Felsen aufgeschichtet,

Der düstern Lukumonen Sitz,
  Gepflanzt auf Bergeshöhen,
Er konnte nicht dem Siegerblitz
  Des Röners widerstehen.

Nach jenen Bergen schau' dich un:
  Fern hinter Eichenforsten
Sah nan das alte Clusium
  Stolz wie ein Adler horsten.

Dort wird in unterird'scher Nacht
  Von längst verklungnem Leben,
Das oden einst in Licht gelacht,
  Das Grad dir Kunde geben.

Gebannt in seiner Kanner Hut
  Von dunkeln Geisterboten,
Auf seiner Cista schweigend ruht
  Das Marmorbild des Todten.

Da ist kein Kerker aufgethan,
  Er trifft die theure Waffe,
Den Krug, die Schale wieder an,
  Den Ring und die Agraffe.

Von muntern Farben glänzt die Wand
    Noch heut dein Licht der Kerzen,
Die Tänzerin klatscht in die Hand
    Und flinke Gaukler scherzen.

Nach Hirsch und Reh in hellen Saus
    Siehst du den Waidmann jagen,
Noch steht in schmucken Todtenhaus
    Der schlankgebaute Wagen.

Doch oden siehst du Burg und Feld
    Von Wehr und Waffen strotzen,
Nichts darf so groß sein in der Welt,
    Etrurien zu trotzen.

Hinunter an der Tider Stron
    Zieht aus den wald'gen Hügeln
Porsenna, un das stolze Ron
    Mit Heeresnacht zu zügeln.

Da recket Scävola die Hand
    Getrost in Feuerflammen,
Steht Cocles fest wie eine Wand,
    Die Brücke kracht zusammen.

Der Tusker steht von Schan gedeugt
    Vor solcher Männer Wiege
Und Rona's Adler steigt und steigt
    Empor von Sieg zu Siege.

Steh' sinnend still! Was du erblickst
   Hier unter deinen Tritten,
Wohin du nur die Blicke schickst,
   Ist Land, wo Helden stritten.

Dieß linde Säuseln in der Luft,
   Was will es nir wohl sagen?
Auf Berg und Thal der blaue Duft,
   Wohin will er nich tragen?

Im tiefsten Kerne nahnt es nich
   Nach so viel kranken Stunden,
Die Seele drängt und reget sich,
   Sie will, sie will gesunden.

Sonst, wenn ich so in Nebelland
   Zu Haus in Düstern weilte,
Wenn sich die graue Wolkenwand
   Monatelang nicht theilte,

Da sank ich trüd in nich hinein
   Und grud in dunkeln Schachte,
Bis ich als Grund von allen Sein
   Das nicht'ge Nichts erdrachte.

Jetzt klingt es anders, da so rein
   Die klaren Lüfte hauchen,
Jetzt, wo aus jedem Mauerstein
   So mächt'ge Bilder tauchen.

Schau' hin! Schau' hin! spricht Herz und Mund,
　　Im tiefen, blauen Schoße,
In jener fernen Berge Grund
　　Liegt Ron, die ewig große!

————

II.

Die zweimal große, die den Tod
　　Unsterblich überlebet
Und wie verklärt in Abendroth
　　Ob ihren Grade schwebet!

Dich, alte Rona, seh' ich schon
　　An deiner Größe kranken
Und ahnungsschwer von Völkerthron
　　Hinad in's Schicksal wanken.

Es wälzet dunkel sich heran
　　Fernher aus grauen Norden,
Es fluten wie ein Ozean
　　Wildfremder Völker Horden.

Sie stürzen deine Tempel un,
　　Palast und Halle flannen,
Die Götterbilder sinken stumm
　　In Trümmerschutt zusammen.

Sie hieß das Weltgericht im Zorn
　　Dumpfbrausend sich ergießen,
Es soll in den verdorbnen Born
　　Ein frischer Blutquell fließen.

Wie wild die blauen Augen noch
   Von Jugendfeuer sprühen,
Ein Geist der Treu' und Stille doch
   Wird keinen und erblühen.

Von Osten strahlt ein neuer Stern
   Herüder auf die Trümmer,
In des gesunden Volkes Kern
   Senkt er den lichten Schimmer.

Und sieh! Es ist zun zweiten Mal
   Italia gedoren
Und hat für einen Heldenstahl
   Den Hirtenstab erkoren.

Versetze dich nit Herz und Sinn
   In dieß vertiefte Leben,
Vergiß die Flecken, die darin
   Von niedrem Stoffe kleben.

Tritt hier in's heil'ge Dunkel ein,
   In steilgewölbte Hallen,
Sieh den geheimnißvollen Schein
   Durch bunte Gläser fallen.

Betrachte dir Altar und Wand
   Und laß dich kindlich rühren,
Laß in des Glaudens Märchenland
   Dich gerne träumend führen.

Bei einer Krippe siehest du
  Ein himmlisch Mädchen sitzen,
Es sieht ein Stern von oben zu
  Durch morschen Daches Ritzen.

Und Hirten un die Jungfrau mild
  In trunkner Andacht knieen,
Und ferne nach des Sternes Bild
  Siehst Könige du ziehen.

Sie hält ein Kind an ihrer Brust
  Mit rührender Gebärde,
Voll Unschuld, Scham und Mutterlust
  Blickt sinnend sie zur Erde.

Es ist ihr Kind und ist es nicht,
  Sie sagt es sich nit Bangen,
Indeß die Mutterliebe spricht:
  Ich darf es traut unfangen.

Das Wunder über Wunder groß,
  Sie kann es ja nicht fassen,
Daß nieder in den ird'schen Schoß
  Die Gottheit sich gelassen.

Doch ach, schau' hin! Dort hängt ihr Sohn
  An's Marterkreuz geschlagen!
Als nein' und deiner Sünden Lohn
  Hat er die Pein getragen.

Die Mutter blickt zum Kreuz empor,
  Ein dreifach Schwert in Herzen,
Es steht un sie der Freunde Chor
  In unsagbaren Schmerzen.

Doch aus der Grabeshöhle Nacht
  Hat er sich aufgeschwungen,
Wo ist, o Hölle, deine Macht?
  Dein Stachel ist bezwungen!

Nun sich an theuren Muttergrab
  Die Jünger sich vereinen,
Sie, die der Welt den Heiland gab,
  Wie Waisen zu beweinen.

Man hebt den Stein von ihrer Gruft:
  Sieh die Erstaunten stehen!
Da hauchen Blumen süßen Duft,
  Sie selbst ist nicht zu sehen.

Blick auf! Dort oben schwebt sie schon
  In seligem Entzücken,
Schon darf sie den erhöhten Sohn
  In goldnem Licht erblicken.

An seiner Seite wird sie sein,
  Er reicht von ew'gen Throne
Unringt von holden Engelreih'n
  Ihr sanft die Himmelskrone.

Welch Herz voll keuscher Innigkeit
   Hat diese Welt entfaltet
Und schüchtern in der Anmuth Kleid
   Den heil'gen Kern gestaltet?

Komm, Perugino, reich' die Hand,
   Herzguter alter Meister!
Es grüßen hier in welschen Land
   Vertraut sich unsre Geister.

Doch seh' ich an der Schulter dir
   Den größern Schüler stehen,
Ich fühle schon ganz nahe mir
   Des hohen Geistes Wehen.

Es dränget mich, es rufet mich,
   Das Auge will mir thauen,
Ich werd', o Sohn der Schönheit, dich,
   Darf, Raphael, dich schauen.

Hinab nach Rom! Hinab nach Rom,
   Hin nach den sieben Hügeln,
Zur Wunderstadt an Tiberstrom
   Hinab auf Schwalbenflügeln!

Rom.

Umringt, umflutet, bestürzt, umwettert
    Vom Ueberschwange des neuen Lichts,
Vom Uebergroßen zu Grund geschmettert,
    Ein Schatten, ein Zwerg, ein Wurm, ein Nichts!

Und kann ich's mit allen besten Willen
    Nicht packen und bin ich gar so klein,
So sink' ich in mich und meine Grillen
    Nur eigensinniger noch hinein.

Doch die Campagna seh' ich gerne,
    Die meergleich eben ergoßne Bahn,
Und drüber hinaus die blaue Ferne,
    Wo die duftigen Höhen streben hinan.

Hinaus in's Weite, hinaus in die Berge,
    Hinaus in die Lüfte, frisch und frei,
Da sinkt wohl dem eingeschnürten Zwerge
    Von der Seele des Albdrucks lastend Blei!

Dort werf' ich mit Macht — ich will mir trauen —
    Die grauen Gespenster aus dem Haus
Und dann, dann hoffe ich mir zu bauen
    Mein Rom von Alba Longa aus.

Albano.

Es war nicht heiter, als ich endlich stand
Auf der Albanerberge hohen Rücken,
Es riß der Sturn die Pinien fast zu Stücken,
Schwer kreisten Wolken un die Felsenwand.

Tiefbrütend nagt an seines Kessels Dan n
Albano's See, der alte Feuertiegel,
Unheinlich nalt in seinen düstern Spiegel
Der Moute Cavo den betagten Kann.

Am Ufer ob der schaumerregten Flut
Schießen verscheucht, nit zweifelndem Gefieder
Zwei Möven kläglich wimmernd auf und nieder,
Als klagten sie um jüngst geraubte Brut.

Fern flimmt das Meer durch Wetterwolkensaum,
Dunpf drohend brennt in schwefelgelber Helle,
Gemischt nit Stahlblau, die gereizte Welle,
Und zuckend blitzt der wilden Brandung Schaun.

Rings will kein freundlich Menschenbild sich nah'n,
Nur hie und da nit einer Stirn voll Tücke,
Vermummt in Mantel, Messer in dem Blicke,
Tritt ein Albaner ohne Gruß heran.

Soust wenn ein Fremdling in die Berge geht
Dem Lenz entgegen, lacht die Erd' in Farben,
Der Hinnel grüßt nit vollen Strahlengarben
Den Balsamduft, der durch die Lande weht.

In Myrtenbüschen schlägt die Nachtigall,
Des Berges braune Töchter zu erregen,
Daß sie in Tanze glühend sich bewegen,
Tönt Castagnetten- und Tamburo-Schall.

Das sonn'ge Bild, es bleibt ihm eingedrückt,
Am deutschen Herd in winterlicher Stunde
Erzählet er, indeß mit offnem Munde
Staunend das Kind, die Gattin nach ihn blickt.

Spät wird vielleicht an grünen Wanderstab
Ein Kindeskind in diese Berge wallen,
Ihm wird in Ohr noch wie ein Märchen hallen
Des Ahnen Wort — er ruhet längst in Grab.

Mir aber rief mein alter Unstern: Nein!
Saug mir das Lied mit giftgeschärften Zungen,
Das er mir an der Wiege schon gesungen,
Das alte Lied: du sollst nicht glücklich sein!

Und, bei der Lüfte Geisterton erwacht,
Bäumt ein Gespenst, das mein Verderben suchet,
Ein dunkler Zorngeist, der dem Leben fluchet,
Den Drachenhals in meiner Seele Nacht.

In Klosterhöhlen ward es ausgeheckt,
Genährt in Gitter eines engen Lebens,
Gereizt von Stachel fehlgeschlagnen Strebens,
Vom Schicksalshohn, von Zweifel aufgeschreckt.

Heraus aus nir! Und wenn du widerstrebst,
Ich schleudre dich, scheuseliges Gerippe,
An jenes Abhangs wildgezackte Klippe,
Daß du zerfetzt wie dort die Wolke klebst!

Und trotzest du, dort auf die See hinaus,
Wohin mich bald die Wanderschritte dringen,
Schlepp' ich dich noch, dort will ich nit dir ringen
In Sturnes Pfeifen, in der Wogen Graus!

Dort pack' ich dich, nir selbst sei es gelobt!
Dort stoß' ich zu des Abgrunds Misgestalten,
Grünäugiger Larven Brut, den schlimmen, alten
Nächtlichen Dänon, der im Busen tobt!

Ich aber strebe frei und fröhlich fort,
Durch blaue Inseln schwebend hingetragen,
Schon seh' ich fern Athene's Tempel ragen
Und grüße jauchzend von des Schiffes Bord.

———>o<———

Zwischenrede.

„Aber sage nir, nein Bester,
    Wie es zu erklären ist,
Daß du stets in diesen Versen
    Mit dir selbst beschäftigt bist?

Solche lange Monologen
    Liebt der wahre Dichter nie,
Von der Welt ein leuchtend Abbild
    Gibt die ächte Poesie.

Selbst an etwas beffern Tagen
  Hört nan stets von Herzeleid!
Sag', wie kommt's, daß selbst der Süden
  Dich nicht von dir selbst befreit?" —

Ach, du haft ja Recht, nein Theurer,
  Aber vorderhand sei froh,
Daß ich wieder Verse nache,
  Taugen sie auch nur so so.

Wenn ein Kranker will genesen,
  Scheint er kränker als zuvor,
Aufgelöst durch alle Poren
  Sucht das Uebel sich ein Thor.

So in neinen arnen Versen
  Seh' ich hald zufrieden schon
Eine treffliche, gesunde
  Dichtertransspiration.

Wart' ein bischen, wart' ein Weilchen,
  Laß nich, nach' nich nur nicht scheu!
Es wird schon noch anders kommen,
  Ist die Krisis erst vorbei.

Tivoli.

Nein! Der Hinnel, sieh und traue!
  Nicht so bös hat er's gemeint,
Da so freundlich heut in's Blaue
  Phöbos' Strahlenauge scheint.

In der Bergschlucht tiefe Gründe
  Schüttet in des Sturzes Wut,
In der Grotten schwarze Schlünde
  Anio die jähe Flut.

Iris schillert sanft gewoben
  In der Fälle Silberschaum,
Und voll Grazie lacht oben
  Vesta's Haus von Felsensaum.

Ferne dehnt sich hingestrecket
  Endlos der Campagna Feld,
Ihre ernsten Flächen decket
  Trümmerschutt vergangner Welt.

Die Cypresse, die Olive,
  Pinienwald und Berg und Au
Taucht sich in das himmlisch tiefe,
  Fleckenlose, duft'ge Blau.

Um die Wasser, un die Lande,
  Näh' und Ferne weit und breit
Legt der Himmel weitgespannte
  Arme der Unendlichkeit.

Und so hält er in den Armen
  Auch das edle Menschenbild,
Hüllt es in den weichen, warmen
  Liebesmantel still und mild.

Mag es oft in Innern toben
   Wie des Bergstroms wilder Fall,
Bleib' ich ja doch aufgehoben
   In dem großen Weltenall.

Keinen hat er noch betrogen,
   Jener Eine, große Geist,
Der des Wassersturzes Wogen
   In die jähe Tiefe reißt,

Der den Aether, der die Strahlen
   Ueber Thal und Hügel gießt
Und in tausend vollen Schalen
   Alle tränkend überfließt,

Der in Busen oft die grellen,
   Grauenhaften Qualen weckt,
Dann die hochempörten Wellen
   Mit des Friedens Flügel deckt.

Und in Einem starken Herzen
   Trag' ich Freude so wie Leid,
Trag' ich mit den tiefen Schmerzen
   Auch die tiefe Seligkeit.

Die ihr auf beschneiten Wegen
   Jetzt in Norden wandelt fern,
Freunde, diesen Himmelssegen,
   O, wie theilt' ich euch ihn gern!

Seid gegrüßt mit Herz und Munde,
   Kommet alle, kommt zu Hauf,
Denn es thut nein Herz zur Stunde
   Seiner Liebe Kannern auf.

Kon nt und höret auf zu klagen,
   Daß es hart und mürrisch ist,
Ja, ich darf es redlich sagen,
   Reicher ist es, als ihr wißt.

Nachts an der Engelsbrücke.

Der Tiber rauscht, der Tiber rauscht
   Vorbei an dunkeln Saune,
Das Ufer nit den Wassern tauscht
   Gespräche halb in Traume.

Hab' viel geseh'n, hab' viel geseh'n,
   So raunt die breite Welle,
In Stücke wird noch Manches geh'n,
   Was prangt an dieser Stelle.

Sieh auf, sieh an, sieh staunend an,
   So nahnt es von der Brücke,
Zu Peters Dom, zum Vatikan
   Schau' hin nit fron nen Blicke!

Da spritzt en por, da schäumt en por
   Die Flut an Pfeilerbogen:
„Hab' keinerlei Respekt davor,
   Man hat zu viel detrogen.

Ob Priester alt, ob Priester neu,
   Ob Augurn oder Pfaffen,
Die junge wie die alte Spreu
   Denk' ich noch wegzuraffen.

Doch sag' ich frei, doch sag' ich frei:
   Einst hat mir's baß gefallen,
Geringer war die Heuchelei
   In Heidengötterhallen.

Bei Jovis Bart, bei Jovis Bart,
   Es waren andre Zeiten,
Als ich die alte Männerart
   Noch sah zum Forum schreiten."

Sie fließt dahin, sie fließt dahin
   Im bleichen Mondesschimmer,
Leis grüßt sie in Vorüberziehn
   Der Coclesbrücke Trümmer.

Sie kann sich nicht, sie kann sich nicht
   Beim Gruße lang verweilen,
In's Meer, so weit, so frei, so licht,
   Muß sie hinuntereilen.

In's All, in's All, in's offne All,
   Hinaus in's Grenzenlose!
Versinkt doch auch der Erdenball
   Zuletzt in Weltenschoße.

Auf dem Kapitol.

Am tarpejischen Fels da unten,
Wo mit zerschmetterten Knochen einst
Die Verräther ihr schwarzes Leben
Verröcheln mußten,
Da unten liege, Gespenst!
Gut genug für dich. —

Au Heldengeisterhand
Bin ich heraufgestiegen,
Götterathem-Wehen
Hab' ich gespürt auf der hehren Stätte,
Wo er gewohnt hat,
Jupiter Capitolinus.

Erzklang hat mir in's Herz geklirrt,
Als ich vorüberschritt an den alten,
Braunen Säulen des Mavorstempels.

Hinunter auf's Forum schau' ich,
Einen Vater seh' ich,
Wie er ein Messer reißt von der Schlachtbank
Und die Tochter, daß sie nicht Sklavin werde,
Niederstößt, ich sehe sie blutend
Im Arm ihn hangen.
Auf schwarzen, flüchtigen Rossen jagen
Keuchend über die Haide dort
Die Decemvirn.

War's nicht soeben — oder träumte mir?
Daß ich Zwillinge sah, wimmernde Knäblein,

Ausgesetzte, an's Land geschwemmte,
Saugen die Milch der Wölfin,
Und daß ich dachte, gegönnt sei's redlich?

Neulich aber — das weiß ich noch —
Als von den Bergen ich kam herüber,
Bin ich durch grünumwachs'nen,
Laubumhangenen Felseingang
In die Grotte getreten, die dunkle, stille,
Quelldurchrieselte Grotte,
Wo nit der Nymphe Egeria
Heilig vertrautes Zwiegespräch
Der wackre König gepflegt hat,
Numa Ponpilius,
Wo ihn flüsternd die Kundige rieth,
Was dem werdenden Volk der Röner
Fronnen nöchte, daß es erwachse
In Scheue der Götter zu Kraft und Tugend.

Kühlungen wehten über nich her,
Und nir war es, als fielen Tropfen,
Netzende Tropfen reinen, kalten
Wassers von oben herab auf die heiße
Stirn, auf's brennende Auge nir,
Und nir war's, als senkte sich etwas,
Als schlüge sich etwas nieder in nir,
Als strömte das Blut, das all' nach oben
Krank nach Herz und Kopf sich gestaut,
In wohlvertheiltem richtigem Maße
Durch das Ganze des Gliederlebens.

Und als Greis noch werd' ich gedenken

Des grünumwachſenen Felseingangs,
Der quelldurchrieſelten, tropfenden, dunkeln, kühlen
Grotte, wo ich geſund ward.

Enthebung.

Ihr bietet, hohe Geiſter,
   Seltſamen Gruß fürwahr —
Ich kenn' euch, große Meiſter,
   Euch überweltlich Paar,

Dich mit den Lockenwellen
   Anmuthig vorgedeugt,
Dem Auge, das von hellen,
   Entzückten Träumen zeugt,

Dich mit dem ungebahnten,
   Dem harten Angeſicht,
Das ſtolz von ungeahnten
   Kraftwelten ſprüht und ſpricht,

Dich ſel'gen Jünglingknaben,
   Der Schönheit Mutterſohn,
Dich Alten, der erhaben
   Herſtürmt von Richterthron.

Ihr neigt das Haupt, ihr nicket:
   Du ſollſt willkommen ſein!
Ihr ſchüttelt es und ſchicket
   Mich weg mit einen Nein?

Was soll es? O, ich merke:
  Ihr sagt nir: halte Ruh'!
Beschau' du unsre Werke,
  Sie sprechen, schweige du!

Ich dacht' euch zu besingen
  Und hatte doch so bang,
Es nöchte nicht gelingen
  Bei all' dem heißen Drang.

Wohl nir! Ich hab' verstanden!
  Wohl nir, nan braucht nich nicht!
Entlassen aus den Banden,
  Wie ist nir leicht und licht!

O Dank dem Fingerzeige!
  Entbehrlich ist nein Wort,
Ja, schaue du und schweige,
  Schweig', schaue fort und fort!

Ein Tag in Sorrent.

Vom Ufer hieher an der Klippe Rand,
Wo an der wellenbenagten Wand
Aufrauscht nit Wut
Die gepeitschte Flut,
Hieher nit nir in behendem Sprunge
Schwinge dich, schlanker Schifferjunge!

Das ist ein Toben, das ist ein Grollen!
Wie sie sich krümmen, wie sie rollen,

Wie sie schäumen,

Wie sie sich bäunen,

Wie sie donnern und schreien,

Heulen und klagen,

Stoßen und speien,

Hauen und schlagen,

Zu erobern endlich in Sturmesgraus

Der Erde uraltes, festes Haus!

Sie versuchen es schüttelnd und zausend

Von Jahrtausend zu Jahrtausend,

Und können nicht;

Sie laufen an und wetzen ihr Horn,

Doch es zerbricht.

Drum schrecklicher Zorn

Stachelt sie in ner

Mit Geächz und Gewinner,

Mit Heulen und Fluchen,

Mit wahnsinnigem Spotte

Auf's Neue den Sturn zu versuchen.

Wilder Bestien eine Rotte

Mit fletschenden Zähnen,

Mit fliegenden Mähnen,

Mit Hufen und Klauen

Glaub' ich zu schauen.

Dort stürzt ein Eber in Sprung heran,

Grunzend wetzt er den geifertriefenden Zahn.

Dort schwimmt ein Polype, nit scharfen Zangen

Umklammernd nin nt er ein Felsstück gefangen

Und will es zerbeißend erdrücken,

Aber die Zangen brechen zu Stücken;
Aufgelöst in flockige, weiße,
Ineinandergezogene Kreise,
Fließt das Unthier zurück in's endlose Meer.

Da tappt schwarz und schwer,
Brummend ein mürrischer Bär
Und unarnt nit den Tatzen in sicherem Griff
Ein Felsenriff
Und will es zerquetschen an zottiger Brust, und dumpf
Brüllt er, doch stumpf
Fallen die Tatzen herab, und hinaus
Zu den andern sinkt er in's Wogengebraus.

Jetzt naht eine lange,
Spitzige, tückische Wasserschlange;
Auf dem Haupt eine silberne Kron' ihr sitzt,
Die von lauter schäumenden Perlen blitzt.
Geschlungen, geringelt
Leckt sie und züngelt
Hier und da, und da und dort,
Doch zurück und fort
Drängt sie nit dröhnendem, klapperndem Schall
Der unabsehliche Wogenschwall.

Sieh da, in der Unthiere Troß
Ein weißes feuriges Roß!
Seine Mähne fleugt,
Es schlägt hinaus, es steigt,
Es wiehert und lacht;
Doch es zerkracht

An der Klippe, zackig und rauh,
Der edel gestaltvolle Gliederbau.
Aber als Löwe mit funkelndem Blick
Kehrt es zum Kampfe zurück;
Laut brüllt er auf,
Doch mitten in Lauf
Hat er zerbrochen
Die mächtigen Knochen.
Dort zürnt, dort stößt ein mächtiger Stier,
Und ein Hirsch, ein herrliches Thier
Mit zwanzigend'gem Geweihe
Beschließt die Reihe.

Doch nein, da kommt gestampft ein Gigant,
Ein großnächtiger Elephant,
Und mit unendlichem, schrecklichem Prall —
Wie der Boden zusammenschüttert!
Wie der Fels erschrickt und zittert!
Halte dich, Knabe, ein Fehltritt, ein Fall,
Und ich sehe dich niemals wieder —
Doch zerschellt, zerknallt sind des Ungethüms Glieder,
Und eine Riesensäule von Schaum,
Sein zerstäubter Körper, sucht Raum
Und findet ihn nicht, und hervor
Aus dem Geklüft und empor
Hinnelan stürmt er,
Hoch, höher sich thürmt er —
Sieh, da ist er herübergeschossen
Und hat uns mit salzigem Naß übergossen,

Und fortgeschwungen
Seh' ich neines guten Jungen
Rothe, spitze
Neapolitanermütze
Schwinnen dort in der unwirthlichen Flut. —
Muth, Muth!
Weine nicht, Paolo, eine andre,
Schönere kauf' ich dir; Mützen gibt's in ner,
Doch so lang ich wandre,
Sah ich nin ner und nin ner
Ein Schauspiel, so göttlich groß!

Aber zurück in den nassen Schoß,
Rückspeiend den Salztrunk, den sie getrunken,
Ist die bäumende, schäumende Säule gesunken.
In schweren Tropfen, wie nach Wetterschlägen
Ein klatschender, satter Gewitterregen,
Peitscht sie weit hinein die grünlichen Wogen.
Und das Roß nit des Halses zierlichem Bogen,
Und der grin nige Keiler, der mähnige Leu,
Und der Stier und der Hirsch nit dem reichen Geweih,
Der Polype nit gräulicher Zange,
Die gift'ge, gewundene Schlange,
Der tappende, brummende Bär,
Der Elephant, bergeschwer,
Wie sie nur heißen, die wüthenden alle,
Richten sich auf von dem schütternden Falle.
Und voll wüthender Reue
Ob dem Mislingen, auf's Neue

Beginnen den Sturm sie und wieder
Sinken geschlagen sie nieder,
Und fort und fort ohne End' und Ziel
Erzeugt sich das wilde, das herrliche Spiel.
Jetzt sind sie verengt,
Ueberwälzen sich, eins an's andere gehängt,
In Klumpen zusammengeballt:
Du willst fassen eine Gestalt,
Und sie verschwindet in Schwalle,
Du suchst das Ganze: getrennt sind sie alle.

Und was von schrecklichen Stimmen nur
Hat aufzubieten die ganze Natur,
Element und Kehle der Kreatur,
Ich höre sie alle
Verdoppelt in Halle:
Ein Brunnen, ein Knurren, ein Brüllen,
Ein Zischen, ein Lachen, ein Schrillen,
Ein Gähnen, ein Knirschen, ein Pfeisen —
Nicht kann ich's mit Worten ergreifen!
Selbst des Schlachtengeschosses dumpfe Schläge
Hör' ich aus unterwühltem Wege,
Wo in zerfressener Felsen Bucht
Tief einbrandet der Wogen Wucht.
Hinweg! es vergeht mir Gehör und Blick!
Zu der Menschen traulicher Stätte zurück!
Mir kreiset das Haupt!
Ein Schwindel raubt
Mir die Besinnung! Du bist mir zu groß,
Du All, du unendlicher Kräfte Schoß!

Komm, mein Paolo, komm an's Land,
Dort hinaus auf den weichen Sand
Herzhaft mit einen guten Sprunge!
Fasse mich an! Wohlauf, mein Junge! —
Da sind wir schon!
Mußt blinzen, mein Sohn?
Kannst aus den Augen sehen kaum,
Weil hineingespritzt der salzige Schaun.

Ich vergesse ihn nicht, wie er vor mir stand
Und ich das beißende Naß, den Sand,
Der mit den Nasse sich lästig mischte,
Aus den Augen, den Locken ihn wischte.
Er war bildschön; so rührend gut,
Zufrieden meiner Pflege und Hut
Sah aus der langen Wimpern Kranz
Sein Auge mit seinen feuchten Glanz
Zu mir auf und, getrocknet bald,
Leuchtete aus der Locken Wald
Die bräunliche Stirn, die faltenfreie.
Daß unser Werk nun weiter gedeihe,
Brachte ich ihn auf seine Bitte
Hinüber zur nahen Fischerhütte,
Seinen Vaterhaus an Landungsstrand,
Wo ich heut morgen den Knaben fand
Mit Kameraden in Moraspiel
Und ihn, weil er so gut mir gefiel,
Erkor zum Führer und Cicerone,
Wiewohl er jeglicher Bildung ohne.

Seine Sonntagsjacke wollte er holen,
Die Mutter hatte es so befohlen.
Wie sie ihn sah, so ganz übergossen,
Wurde umfassender Wechsel beschlossen,
Sie zog auch Hosen und Hemd ihn aus,
Zerrissen, durchlöchert, es war ein Graus.
Ausgenommen waren die Socken,
Sie waren nicht naß und waren nicht trocken,
Denn es gab sie nicht. —
Jetzt wie ein Gesicht,
Ein erstandenes Wunder aus Griechenland,
Wie ein Erosbild von Praxiteles' Hand,
Stand lächelnd der nackte Knabe da.
Nicht schöner, nicht anmuthleuchtender sah
Einst Vater Zeus von Olympos' Höhen
Am Ida den Hirtenknaben stehen.

Indessen die Mutter geschäftig wieder
Einhüllte den Bau der geschlanken Glieder,
Schrieb ich nir in nein Tagebuch
Die ersten Verse von diesem Versuch,
Dem unzulänglichen, arn benützten,
Zu schildern des Meeres Toben und Wüten;
Schon hatte begonnen in Kopf die Musik.
Und sie sahen nit starrem, staunendem Blick,
Der Vater, die Mutter, der Sohn, die drei,
Daß ich der Schreibkunst mächtig sei.

Der Knabe stand fertig und bereit,
Die Mütze nur fehlte zum festlichen Kleid.

Barfuß durfte man wohl ihn sehen,
Doch ohne Mütze durft' er nicht gehen.
Zu ersetzen vorerst den traurigen Schaden,
Gieng's in der Stadt zu einen Laden,
Wo von den Mützen aus rother Wolle
Eine Auswahl hieng, eine reiche, volle;
Ihr kennet sie: hoch, vorn überzuschlagen,
Die Phrygier haben sie so getragen.
Und ich kaufte ihn eine solide, feine,
Und wer war glücklicher als der Kleine?
Und wie aug=erfreuenden Anblick bot
Auf den dunkeln Locken das helle Roth!

Wie wir nun durch die Straßen wandern,
Drängten sich, einer un den andern,
Ciceroni heran, wie die Kletten zäh,
Und wollten nicht lassen und wollten nicht weichen,
Bis ich an Ende gewitterjäh,
Mit geschwungenem Stock, nit wuchtigen Streichen
In den zerstäubenden Haufen fuhr,
Laut ausrufend: der Eine nur,
Der kleine Paolo ganz allein
Soll heut in Sorrento mein Führer sein!

Nach diesem luftreinigend starken Blitze
Trug Paolo stolzer die rothe Mütze
Und war nein Führer nit großen Ernst
Und zeigte nir eifrig dienstbereit,
Von aller Gelehrsamkeit fern und fernst,
Was er mußte von Sehenswürdigkeit.

Zum Pranzo ließ ich uns Beiden decken,
Die Maccaroni ließ er sich schmecken,
Er aß mit entschiedener Magenkraft,
Denn er nährte für sie als treuer Sohn
Seiner gesammten Nation
Eine tiefe, romantische Leidenschaft.
Doch wie gelüstig er speiste, wie munter
Die Nudeln er mit der Gabel hob
Und in den Mund sich von oben schob,
Nichts Unanständiges lief mitunter,
Seine Sitte war rein und ohne Tadel,
Als wär' er gebürtig von alten Adel.

Und Abends führt' ich ihn wieder nach Haus.
Das Meer war ruhig, der Sturm war aus.
Ein tiefes Schweigen war in den Lüften,
Durchwürzt von seinen Orangendüften.
Hinab war die Sonne, doch goldnes Licht —
Des Malers Pinsel erreicht es nicht —
War noch über die Welt ergossen,
Kam auf den sanften Wellen geflossen,
Sie schlugen nur leise an's Ufer an.
Fern sang ein Fischer in seinen Kahn.
Wir standen und sahen still hinaus
Bei den Klippen, wo wir in Sturmesgraus
Umgähnt gewesen von nassen Grabe.
«Quanto è calno!» sagte der Knabe.

Palermo

am Hafen, nach Anblick des Sargs Friedrich's II. in Dom.

Rauh sind die Berge der Alb, sargförmig gestreckt und ge-
      brochen,
Harte, gediegene Kraft, selten ein Adel der Form.
Aber der Staufen, in schöngeschwungener Linie steigt er
Auf zum Gipfel und sinkt in die Gelände herab. —
Wenn du zum Hafen schrittst, in die lachende Bucht von Pa-
      lerno,
Mächtiger Kaiser, du sahst wahrlich ein schöneres Bild!
Lichtgetränkt erglänzte die Welt, ein himmlisches Blau lag
Ueber Tiefen und Höh'n, auf der beruhigten Flut,
Berg Pelegrino stieg und senkte zum Meere sich nieder,
Gleich als wäre sein Bau nach Melodieen gefügt.
Dennoch schwebet mir vor, es seien auch Stunden gekommen,
Wo verbleichte Gestalt leis in die Seele dir schlich —
War's an Abend etwa, wenn in der Dämmerung Schleier
Sanft und stille verschwamm alle die sonnige Pracht —:
Burg der Väter und Berg, wohl unter grauerem Himmel,
Doch mit röthlichem Licht krönt sie der neigende Tag;
Rauheres Volk umher, doch braves, — verlaßnes, auf seinen
Kaiser harrend und trüb fragend: wo weilt er so lang?

Mittlere und späte Zeit.

Sehen, Leben, Leiden.

————

An eine Quelle.

Arme Nixe, die tief in Tannengesäusel des Schwarzwalds
    Leidendem Menschengeschlecht herrliche Labung ergießt,
Hast du es so gemeint, daß dich die Herren vom Amte
    Für zinstragenden Pacht legen in Riegel und Schloß?
Zweimal des Tags zwei Stunden ist dir zu fließen gestattet,
    Ueppigem Volke der Stadt rinnet dein silberner Quell.
Kann er nicht schöpfen zur Zeit, der Lechzende, der sich ein
                               Büschel
    Holz gieng suchen in Wald, nun so entbehre er denn!
Fliehen wollt' ich die Stadt, in Grünen, im Dunkel des Waldes
    Wollt' ich vergessen, denn ach! jetzt ist Vergessen so süß!
Aber was spreizt sich unher, was gagert, was schnarret, was
                              plappert?
Ludwigsburger und Stuttgarter Familienbrei,
Starres Beamtenthum, gichtdrüchige Pensionäre
    Und nit den vollen Sack klapperndes Geldmachervolk.

„Fehlmich, Herr Oberjustiz=" und „Fehlmich, Herr Legations=
rath!"

„Fehlmich, Herr Hofrath, wie geht's, wie hat das Schläfchen
geschmeckt?"

„Auch schon an Werk, Herr Kommerzienrath? Wie steht's?
Am wie vielten

Gläschen sind Sie denn schon?" „„Halb ist das dritte ver=
daut.""

„Ah, wen seh' ich? Herr Je! Mein Vetter, der Herr Kameralver=
 walter aus Bopfingen ist's," jubelt ein Bempflinger dort,
Und der Bempflinger schüttelt des Bopfingers biedere Rechte
Und der Bopfinger auch schüttelt des Bempflingers Hand.
Und der Bempflinger drauf: „Du bist doch das alte fidele
 Haus noch?" Und Arm in Arm wallen die Vettern dahin.
In den gewichtigen Kreis, mit höchlicher Spannung erwartet,
 fehlt — o erhabnes Gestirn! — nur Frau Ministerin noch.
Früh an Morgen beginnt das obligate Getranpel,
 Fünfzehn Minuten genau auf das getrunkene Glas.
Suchst du, den Trunk zu vergeh'n, in Forste geschlängelten
Irrweg,
Suchst in der einsamen Schlucht reizende Wildniß du auf:
O, da ist Weg und Steg von ärarischem Gelde gedügelt,
 Nach der messenden Schnur gähnt der beschnittene Pfad.
Schläfrig kehr' ich zurück, vollbracht ist der lähmende Pflichtgang
 Und nach dem lieben Kaffee sehnet sich tief das Gemüth.
Ist Poesie auch fern, es gibt doch ein breites Behagen,
 Mit den Philistern unher suche Philister zu sein:
Wenn ich in Wasserzopf hintorkelte unter die Linden,
 Sucht' ich mit dieser Sentenz mir zu betrösten das Herz.

Aber was schießet daher stoßvogelartig? Was ziehet,
   Mich zu erfassen bereit, drohende Kreise ringsun?
Geistlichen Hochmuths voll ein halb irrsinniger Priester
   Nimnt sich den Ketzer auf's Korn für sein Bekehrungs=
                       geschütz,
Predigt von Bibel und Teufel und demokratischen Rotten
   Grob auf die Freiheit hin, die er als Narre genießt.
Bin ich ihn mühsam entfloh'n und habe gebadet, geschlendert,
   Endlich zun Mittagsmahl läutet die Glocke — zu spät!
Ja, zu spät, denn zu hoch ist der knurrende Hunger gewachsen
   Und auf den üppigen Schmaus spannt sich verhaltene Gier.
Was dir an Morgen die Quelle genützt, verderbt dir an
                       Mittag
   Mit des Speisengemischs Reizen der würzende Koch.
Aber was thut's, wenn gründlich gestopft der Magen sich
                       blähet?
   Just den Fraße zulieb kan ja das städtische Volk.
Wie sie von Tische hinweg nun unter gemüthlichem Gähnen
   Unter die Linden hinab schleppen den schwellenden Bauch!
Zun Kaffee geht's wieder, es folgt ein zahner Spaziergang,
   Dann geht's wieder zu Tisch, dann von den Tischen in's
                       Bett.
Ringsun aber in Dorf und rings in Bergen und Thälern
   Zwischen Fabriken unher wohnt ein verkommenes Volk.
Müßten die Hungernden nicht das Prasserleben mitanseh'n,
   Ließ' ich das Städtergeschlecht gerne den stumpfen Genuß,
Ließe belachend es gern als Beute den saugenden Vampyrn,
   Welche den Schlennern auf's Haupt sandte ein strafender
                       Gott.

Denn das Gesind' unher, der Kellner, die Köchin, der Haus=
                                                    knecht,
   Badknecht, Diener an Quell, Stubenmagd und Polizei
Bücken sich, schwänzeln und wedeln und jede Gebärde heißt:
                                                    Trinkgeld,
   Trinkgeld die Hand und der Fuß, Trinkgeld der gierige
                                                    Blick.
Wend' ich zur Sonne hinauf von widrigen Bilde die Augen,
   Wahrlich an Ende sie selbst bettelt um Trinkgeld nich an,
Und zum gebührenden Lohn für die Heizung, die sie verab=
                                                    reicht,
   Ihr in das volle Gesicht schnell' ich den Zwanz'ger hinauf.
Aber das ärnliche Volk, das grün vor Hunger umhersteht,
   Wenn von brodelnden Herd wirbeln die Düfte enpor!
Blöd und stier und grinsend, verzwergt, verbogen von Elend
   Sieht es nit Tantalus' Qual Schüssel an Schüssel gereiht.
Selbst die Pfade unher, die heimischen, soll es nicht wandeln:
   Fort! Monopol ist der Park, ist für die Bettler nicht da! —
Hab' ich darun die Berge, die ländlichen Hütten, die Quellen,
   Düfte des Tannenwalds, Lüfte des Hinnels gesucht,
Daß die verkrümmende Noth und daneben der schwelgende
                                                    Geldsack
   Mir erneue den Riß, welcher die Menschheit zerreißt?
Daß die Quelle nir fast, die rein entsprudelt dem Erdschoß,
   Auf dem verditterten Nerv schmecke wie Schweiß und wie
                                                    Blut?
Gedt nir zur reinen Natur auch Menschen, die noch Natur
                                                    sind,
   Gebt zun lebendigen Born Bild der Gesundheit und Kraft!

Sehen mag ich das Volk, das ungebrochen und ganz noch,

Dem von nämlicher Kraft stählern der Muskel sich spannt,

Hell das Auge und scharf mit Adlerblicken sich aufschlägt

Und auf der Wangen Roth blühende Frische noch lacht,

Volk, das pflüget und sät und weidet Rinder und Rosse,

Frei von trägen Genuß, frei von bedrängender Noth,

Alter Sitte getreu, noch nicht durchbeizt von dem Pesthauch,

Den in's Gebirg einschleppt leckrer Touristen Geschmeiß,

Kriegerisch noch, jagdlustig und mit weitschallendem Jodler

Gerne den Wiederhall weckend in Thal und Geklüft.

Wär' ich bei euch, nich sollte die Herrenstube nicht sehen —

Gleich in die Lande hinaus, unter die Juppen hinein!

Lächelnd streicht sich den Bart und weist auf den Stutzen der
                                            Waidmann

Und mit prüfendem Blick fragt er mich: möchtet Ihr mit?

„Freilich." — Er holt aus dem Schrank mir eine der blinken=
                                            den Waffen,

Früh in des Morgens Hauch geht's in die Berge hinauf.

Nicht entrinnt er dem Blei, dem sicher gezielten, der scheue

Gemsbock, den wir an Rand gähnender Schrecken erspürt.

Klettern wir Abends zu Thal mit der köstlichen Beute be=
                                            laden,

Steht ein Becher, ein Mahl, einfach und kräftig, bereit;

Warm von erquickenden Trunk ergreift die Zither der Bursche,

Wirbelnd in nervigen Arm walzen die Dirnen unher —

Hellauf, Müller, Hallo! nun gürte dein hurtigstes Maulthier!

Fort aus dem Froschpfuhl, fort! Schnell über Hügel und
                                            Thal!

Felsblock

(bei Wasen an der Gotthardstraße).

Aus des Felsblocks rauhen Spalten
　Tönt ein Aechzen, tönt ein Knurren;
„Das zu dieten einen Alten!"
　Hör' ich eine Stimme nurren.

„Soll der Sohn so hoher Ahnen,
　Zeuge von der Urwelt Tagen,
Soll der Sprosse der Titanen
　Einen Grundbirnacker tragen?

Wild und frei emporgehoben
　An des Hochgebirges Wangen
Bin ich einst — schaut hin, dort oben!
　Stolzes Riesenkind gehangen.

O die Zeit, da um beeiste
　Zacken noch der Sturmwind sauste,
Um mein Haupt der Adler kreiste,
　Meinen Fuß ein Meer umbrauste!

Hätt' ich, als herabgewettert
　Nieder in das Thal ich krachte,
Deine Hütten gleich zerschmettert,
　Menschenvolk, dei dem ich schmachte!

Lieder Staub und Splitter werden,
　Träg' als Lehn an Boden liegen,
Als so schmählichen Beschwerden
　Länger nich als Dienstmann fügen!"

Und so hebt er an, zu drücken,
　　Ihn durchzuckt ein Krampf, ein Schüttern,
Daß auf seinen breiten Rücken
　　Die Kartoffelblüten zittern.

Laß das Klagen, laß das Knacken,
　　Das wird Alles nichts mehr nützen,
Laß geruhig dir in Nacken
　　Den bescheid'nen Acker sitzen!

Denke nur: auch die Kartoffel
　　Ist ein Kind der Erdenmutter
Und — erlaub' mir, alter Stoffel —
　　Schmackhaft namentlich mit Butter.

Mußt dich gar so sehr nicht schämen,
　　Mußt dich, dicker Trotzkopf, eben
Auch dem Praktischen bequemen,
　　Das ist Losung jetzt im Leben.

Siehst du, so wird jener, dieser
　　Wildfang in gesetztern Alter
Noch ein brauchbarer Acciser
　　Oder Kameralverwalter.

Im Hochgebirg.

Steig', o Seele, mit diesen
Trutzigen Urweltriesen!
Recke dich!
Strecke dich! —
Wie ihr entschlossen
Seid emporgeschossen,
Das Steinherz in der Brust,
Das zu sehen ist Lust.
Ihr seid nicht höflich und fein,
Ihr lüget nicht, weich zu sein,
Euch macht nicht Sorge und Rücksicht bang,
Ihr bücket euch nicht, ihr fraget nicht lang,
Die Losung heißt: Durch! die Losung heißt: Kraft!
So habt ihr euch Platz in der Welt verschafft. —
Es wird Nacht.
Fort ist die Farbenpracht.
Finster und schwer
Steh'n sie umher,
Schwarzblau mit düsteren Stirnen;
Selbst die weißen Firnen
Leuchten nicht mehr.
Aber o sieh, schau' empor!
Ein Haupt ragt vor
Ueber alle und taucht
In des Lichtquells letzten fliehenden Schein
Den Scheitel ein,
Zart milchweiß und rosig angehaucht.

Auf der Eisenbahn.

Jetzt schnaube nur, Dampf, und brause!
Jetzt rolle nur, Rad, und sause!
Es geht nach Hause, nach Hause!

Du kannst nicht jagen, o Wagen,
Wie meine Pulse mir schlagen!
Zur Geliebten sollst du mich tragen.

Vorüber, ihr ragenden Stangen!
Verschwindet, ihr Meilen, ihr langen!
Wer ahnt mein Verlangen und Bangen!

Auf den Bänken wie sie sich dehnen!
Wie sie schwatzen und gaffen und gähnen!
Es ist nichts, wonach sie sich sehnen.

Dort raset der Sturm durch die Tannen,
Zum Dampfe möcht' ich ihn spannen,
Daß er rascher mich reiße von dannen!

Hinweg aus den plappernden Schwarme,
O, hin an die Brust, an die warme,
In die offnen, die liebenden Arme!

An's Diendl.

Tragst du ein Röselein
Vorn an der Brust?
Macht nir kein Bröselein
Freude, noch Lust.
Trage du Dörnelein,
Trage du Hörnelein,
Die du dem Liebsten dein
Aufsetzen thust,
Trage du Höselein,
Kleiden die Beine dein
Zierlich und fein.

———◦———

Die Nagelschmiedin.

Was klopfet, was schmiedet das reizende Weib?
Zum Andos gebeuget den schlanken Leib
Einen zierlichen Hanner sie schwinget;
    Dunkle und helle,
    Süße und grelle
Lieder zun Takt sie singet.

Das Feuer, es sprühet in blutrothem Schein,
Mitunter wohl spritzet sie Wasser hinein,

Doch schnelle zum Blasebalg wieder
>Hebt sie das linke
>Füßchen und flinke
Tritt sie ihn auf und nieder.

Wie strahlet, wie blitzet ihr Auge dazu!
Es stähl' einen Engel in Himmel die Ruh'!
Auf der lächelnden Lippen Grunde
>Glänzen und gleißen
>Schneehell die weißen
Zähnchen ihr aus dem Munde.

Es rollen die Locken ihr über's Gesicht,
Wie blinket und züngelt ihr goldenes Licht!
Das sind ja die funkelnden Schlangen,
>Die nit den Ringen,
>Die nit den Schlingen
Zauberisch nich gefangen.

Was beugt sich, was lächelt, was strahlet und blitzt,
Was klopfet, was hämmert, was glühet und spitzt
Die Geheimnißvolle, die Arge?
>Große und kleine,
>Grobe und feine
Nägel zu neinen Sarge.

Zur Hölle.

Du reizend Ungeheuer,
　Neig' her den schönen Leib!
Reich' mir den Kelch voll Feuer,
　Du wunderbares Weib!

Willst du mich küssen, drücken,
　Werd' ich mich nicht entziehn,
Spür' ich in meinen Rücken
　Den Dolch auch innerhin.

Wie salzlos wär' die Liebe,
　Wie matt ihr Himmelsgold,
Wenn sie aus Einem Triebe
　Allein bestehen sollt'!

Da ist man erst gerühret,
　Das ist der rechte Spaß,
Wenn Haß die Liebe schüret
　Und Liebe schürt den Haß.

In unsrem Liebesorden
　Mag man das Schlichte nicht,
Da möchte man sich morden,
　Wenn man sich heiß umflicht.

Sag', welches Erdgeists Laune
　Hat dich so stolz gebaut?
Mir graut, indem ich staune,
　Ich staune, wie mir graut.

Sag', welcher wilde Dichter
　Hat dich, o Weib, erdacht?
In dir die Himmelslichter
　Gemischt mit Hadesnacht?

Du winkst mir in den Wagen,
　Er ist schon eingespannt,
Zwei Rappen uns wohl tragen —
　Du weißt, in welches Land.

Da bin ich schon zur Stelle,
　Die Geißel schwinge frei!
Nun in Galopp zur Hölle!
　Hurrah, ich bin dabei!

Breite und Tiefe.

Sag', alter Narr, was rennst du wieder
So kreuz und quer, bergauf und nieder?
Was suchst du denn? Laß sein, laß sein!
Die Weite bringt es dir nicht ein,
Im Breiten wirst du's nicht erringen!
Da mußt du in die Tiefe dringen.
Der Weg ist kurz, die Arbeit schlicht:
Fünf Schuh tief, weiter braucht es nicht.

Kahnfahrt.

Es sinkt der Tag; still wird es weit und breit. —
   Auf flüsternder, auf kühler Wasserbahn
   Trägt leis zwei Menschen hin ein leichter Kahn,
Zwei stille Menschen, still vor Seligkeit.

Der Mann ergreift des Weibes zarte Hand
   Und spricht, indem er nah' zu ihr sich bückt,
   Der Stimme Zittern mühsam unterdrückt,
Mühsam die Thräne, die in Aug' ihm stand:

„O möge keines von uns Zweien doch
   Je wiedersehn dieß Land und diesen See,
   Das Herz zerrissen von der Trennung Weh!"
Schon war es Nacht. Wir schwiegen. Weißt du's noch?

Nunc pluat!

(Nach einer alten Devise)

Ein Adler flog empor
Hoch, höher, bis hinan, wo fürchterlich
Aus ew'gem Schnee
Die letzten, wildgezackten Alpenhörner ragen.
Da sah er hangen über sich
Ein zweites, schrecklicher gethürmtes
Gebirg von Wetterwolken,
Schwarz, dicht und breit und schwer, zum Bersten satt.

Es drohet Stürme, Güſſe, Ströme, Stürze
Von Regen, Hagelkieſeln, die das Haupt,
Die breiten Schwingen ihn zerſchmettern,
An die Felſennadeln ihn ſpießen, oder halbzerſetzt
Zu Thal ihn ſchleudern werden.
Er ſieht's und ſchießt hindurch,
Steil, kerzengrad, dem Pfeile gleich,
Von ſtraffer Sehne ſtracks emporgeſchnellt.
Schon ſchwebt er über der ſchwarzen Wand
Im Blau, in ſtrahlenden Aethermeer,
Er ſchaut der Sonn' in's blitzende Flammenauge,
Er ſchaut hinab und ſpricht:
Nun mag es regnen!

Das erſehnte Gewitter.

Es glüht das Land, es lechzet
    Die ausgebrannte Au,
Jedwedes Weſen ächzet
    Nach einen Tropfen Thau.

O Himmel, brich! Entſchließe
    Dieß Blau aus ſprödem Stahl,
Nur Regen, Regen gieße
    Herab in's ſchwüle Thal!

Er hört. Im Weſten webet
    Und ſpinnt ein grauer Flor;
Er ballt ſich, ſchwillt und ſchwebet
    Als Wolkenberg empor.

Jetzt mit den Feuerzügeln
   Fährt auf der jähe Blitz
Und auf den luft'gen Hügeln
   Löst er sein Feldgeschütz.

Heut hat man daß geladen,
   Es zuckt wie gestern nicht
In fahlen Schwefelschwaden
   Ein stumm verglühend Licht.

Wild schießt der Strahl, der grelle,
   Aus dichter Wolkenwand,
Rings lodert Geisterhelle,
   Der Himmel steht in Brand.

Es kracht. In Ketten wandern
   Die dumpfen Donner fort,
Von einer Wacht zur andern
   Rollt hin das Schlachtenwort.

Was athmet, rauscht und sauset?
   Frischauf! der Sturmwind naht,
Der Wald erbebt und brauset,
   In Wogen geht die Saat.

Schon dampft ein Meer von Würzen
   Aus der behauchten Welt
Und satte Wetter stürzen
   Auf das geborstne Feld.

Sie.

O, du bist gut, ja, du bist gut!
  Wie du dich sanft geneiget
  Und über mich gebeuget,
Da schwand die Fieberwuth.

O, du bist rein, ja, du bist rein!
  Durch deiner Wimpern Schatten
  Strahlt nieder auf mich Matten
Ein heller Himmelsschein.

O, du bist mild, ja, du bist mild!
  Um deinen Mund dieß Lächeln,
  Es kühlet wie ein Fächeln
Aus seligem Gefild.

O, du bist lind, ja, du bist lind!
  Von dir, von dir gerettet,
  In Liebe weich gebettet
Entschlummr' ich wie ein Kind.

O, du bist still, ja, du bist still!
  Dein leises Wort, dein Schweigen
  Verbeut dem Höllenreigen
Sein tobendes Gebrüll.

O, du bist gut, ja, du bist gut!
  Du bringst die Engelskunde:
  Gesunde, Mann, gesunde!
Auf! Lebe! Fasse Muth!

Nachts.

Sie schläft. Ein süßes Athmen hebet
   Den holden Busen sanft und leicht;
Der Geist ist in ein Land geschwebet,
   Wohin der Sorge Pfeil nicht reicht.

Scharf war die Pein der letzten Tage —
   Schließ' nur die müden Augen zu!
Das Schicksal pocht nit schwerer Frage;
   Sie wird sich lösen, schlummre du.

Schlaf' nur! Du brauchst es nicht zu wissen,
   Daß unter dir der Freund sich regt,
Daß er in tiefen Finsternissen
   Dein Loos in seiner Brust bewegt.

Und doch! Er naht dem stillen Raune
   Mit Geistertritt und rührt sich nicht
Und horchet, ob sie nicht in Traume
   Wohl leise seinen Namen spricht.

Abschied.

Der Erdenstoff verzehrt sich sacht und mild,
Bald ist's vorbei und du bist ganz nur Bild;
Du schwebst hinweg, schon strahlen wie von ferne
In fremdem Lichtglanz deiner Augen Sterne.

Sei, Bild, nein Schild, so lang der heiße Tag
Mich noch umtost nit wildem Stoß und Schlag!
O senke, steigt der dunkle Zorn nir wieder,
Auf nich herab die träumerischen Lider,

Die Blicke, die, dem reinen Kinde gleich,
Nicht wissen, wie so gut sie sind, so weich!
Ganz Geist, kannst du nun allerorten leben
Und auch zu mir, dem Umgetrieb'nen, schweben.

Vielleicht ist doch in nicht zu ferner Zeit
Ein bleibend Haus zur Rast für nich bereit,
Dann schwinge sanft um neinen Todtenhügel
Am stillen Abend deine Geisterflügel.

Kühle.

Aus Wuſt und Wut,
Aus Schwefelglut,
Aus athemloſer Schwüle
Hinab in Meeresgrund, hinad in's Kühle!

Da ruh' ich aus
Im Felſenhaus
Von all dem Angſtgewühle,
Gebadet in der ſanften, reinen Kühle.

Im tiefen Blau
Ruht eine Frau,
Lichtweiß auf weißen Pfühle,
Und lächelt ſelig in der ſtillen Kühle.

Nah' ich nich ihr?
Sie ſchaut nach nir,
Fragt nich, ob ich auch fühle,
Wie gut es weilen iſt in dieſer Kühle.

Reicht nir die Hand,
Daß ich den Brand
Aus neinem Buſen ſpüle
Und nit ihr ewig dleide in der Kühle.

Krieg 1870—1871.

Zwei Brüder.

(Erich und Axel, Grafen von Taube, gefallen in Champigny 2 Dezember 1870.)

I.

Da liegen sie in offnen Särgen beide,
    Das Schwert zur Seite und den Lorbeerkranz;
Vom Wundenkrampf, von letzten grimmen Leide
    Weiß nichts ihr Angesicht; zufrieden ganz,
Ganz friedlich sind die jugendlichen Züge,
Als sagten sie Jedwedem, der sie früge:

Zusammen sind wir hoffnungsvoll erblühet,
    Zusammen griffen wir zur blanken Wehr
für's Vaterland in tiefster Brust erglühet,
    Zusammen kämpften wir in Siegesheer,
Zusammen sind wir brüderlich gefallen,
Zusammen geh'n wir in die ew'gen Hallen.

Mir aber ist vor diesem Todtenbilde,
    Das wunderbar des Herzens Tiefen rührt,
Als würd' ich zu entlegenen Gefilde,
    In's ferne Griechenland von Geist entführt,
Dorthin, in's enge Thor der Thermopylen,
Wo die Dreihundert einst zusammen fielen.

Die schlichte Schrift an Male dieser Todten:
  „Kommst, Wandrer, du nach Sparta, melde dort,
Daß du gehorsam, wie es uns geboten,
  Uns liegen hier gesehen," — dieses Wort,
Ihr Todtenzüge, o, ihr stillen, lieben,
Mir ist, als läs' ich es in euch geschrieben.

II.

Ein Männerzug, fast endlos, kommt geschritten,
  Zwei Särgen folgend zu der dunkeln Gruft,
Voran das Haupt, das solchen Schlag erlitten.
  Die Glocken klagen in die graue Luft.
Es wallt das Volk, die Straßen sind zu enge,
Stunn vor den Bilde steht die dichte Menge.

Das ist nicht Neugier, eitle Lust, zu schauen,
  Ist nicht ein Aufseh'n, weil es Grafen sind,
O nein! von diesen thränenreichen Frauen
  Verliert in ihnen jede heut ihr Kind;
Hier ist kein Vater, der die theuren Erben
In diesem Söhnepaar nicht sähe sterben,

Kein Bruder, keine Schwester, die nicht weinen,
  Als ziente ihnen euer Trauerkleid,
In diesem Schlag des Tods, in diesem einen,
  Faßt sich zusammen eines-Volkes Leid,
Vereinigt strömen alle Thränen nieder,
Und Tausende slud Eines Hanses Glieder.

Wir haben nicht um Wenige zu klagen,
   In ganzen Schwaden sind sie hingemäht,
Und Mancher sank in reifen Mannestagen,
   Doch dieser Fall des Jünglingspaares steht
Ein Sinnbild da, für all den Schmerz errichtet,
Ein Trauerspiel, von strengen Tod gedichtet.

Ja, dieser blut'ge Brüdertod verbündet
   Zu Einem Hause dieses ganze Land!
Und noch ein größres Haus ist ja gegründet:
   Die Nation umschlingt ein neues Band
Und diese Brüder, die vereint gefochten,
Sie haben mitgegründet, mitgeflochten.

So lange man in deutscher Stämme Mitten
   Dieß theure Land, dieß Schwabenland noch kennt,
So lang, in Baum des Lebens eingeschnitten,
   Die Weltgeschichte noch ein Deutschland nennt,
Wird man auch reden von den jungen Braven,
Die brüderlich den Heldenschlummer schlafen.

Und wenn aus diesem heil'gen Völkerkriege
   Die Kämpferschaaren einst zurückgekehrt,
Und wenn ein Künstler unsre blut'gen Siege
   Mit eines Denkmals hehren Formen ehrt,
Wenn, wie Athene's herrliches Gebilde,
Germania strahlet mit gehobnem Schilde,

Am Steine, drauf das hohe Weib wird stehen,
   Heb' er zwei Szenen aus dem Marmorgrund:

Hier sei ein blühend Brüderpaar zu sehen,
  Der eine küßt dem andern Stirn und Mund,
Der sterbend liegt; dann sehe nan die Beiden,
  Zun Tode wund in Tode selbst nicht scheiden.

O Elternpaar, du hast ein Gut verloren,
  Ein köstliches, für diese Spanne Zeit,
Doch was für diese Spanne Zeit geboren,
  Es knüpfet nun dich an die Ewigkeit,
Denn eines ganzen Volkes ew'gem Leben
Eint euch, was ihr in Thränen hingegeben.

III.

Im stillen Haus, nachdem ihr sie begraben,
· Nachdem verschwunden des Geleites Schaar,
Da werdet ihr gefragt, gezweifelt haben,
  Ob es nicht besser, wünschenswerther war,
Sie wurden nie zur Freude euch geboren,
Als nun so früh nit Einem Schlag verloren!

Doch eine inure Stinne wird euch sagen:
  Geduldet sei des Schicksals schweres Joch!
Die theuren Häupter, die nan hingetragen,
  Sie waren unser, waren unser doch!
Wie blickten wir in's Oede und in's Leere,
Wenn kinderlos vergangnes Leben wäre!

Sie bleiben unser. Willig hingegeben
  Der großen Zukunft ernstem Aufgebot,

Dem Wohl des Volks, worin wir sind und leben,
   Geweiht in Tode, sind sie uns nicht todt;
Dem Vaterland zwei Heldensöhne schenken:
   Ja, Trost ist's, solchen Opfers zu gedenken.

Nie kann der Schmerz, er wird und soll nicht weichen,
   Doch reist er still, wird weich und licht und schön,
Denn sieh, dort schweben sie, die Brüderleichen,
   Lebend'ge Geister auf verklärten Höh'n,
Beweint, geehrt von eines Volkes Herzen,
Verewigt von so reinen, heil'gen Schmerzen.

Der Hohenstaufen

als ich am 3. Januar 1871 vorüberfuhr.

Da steht er wieder, ernst und hoch und kahl!
   Ein weißes Tuch umhüllet sein Gelände,
Der Wintersonne später, bleicher Strahl
   Fällt auf die weichgeschwungnen Bergeswände.

Vom Westen kommt dieß geisterhafte Licht,
   Weiß wie der Schnee, auf dem es wiederstrahlet;
Doch schau', wie sich das Weiß in's Rothe dricht!
   Abhang und Gipfel scheint in Blut gemalet.

O wunderbarer Anblick! Blut, ja Blut
   Vom Westen her krönt deinen Scheitel wieder!
Ein Kaisermantel wallt in Purpurglut
   Auf's Neue dir um deine Heldenglieder.

O herzdurchschauernd Bild! Ich glaub' es kaum!
   Mein Auge thaut, ja fließet nur, ihr Thränen!
Ich darf's erleben! Wahrheit wird der Traum
   Der Jünglingsseele, wird mein frühes Sehnen!

Nein, du mein deutsches Volk, du träumst nicht mehr
   Von alter Herrlichkeit in kahler Blöße;
Wie kleidet er dich traurig schön und hehr,
   Der blut'ge Festschmuck deiner neuen Größe!

An Uhland's Geist.

Ems 1871, als an der Wirthstafel ein Kellner aufwartete, der Sonntags
zwei Orden trug.

Wenn heut dein Geist herniederstiege
   In diese deine deutsche Welt,
Wie sie nach neuem heil'gem Kriege
   Ihr Haus genauert und bestellt:
Hoch auf dem Giedel Preußens Krone,
   Der Bau ein erdlich Kaiserthum, —
Du zögst in Falten zweifelsohne
   Die Stirn und schautest kaum dich um;

Dein Auge fänk' in seine Höhle,
   Ein Seufzer kundete dein Leid:
„O, von der Freiheit heil'gem Oele
   Ist solch ein Scheitel nicht geweiht!

O Tag, so bist du nicht gewesen,
   An den ich lange fron n geglaudt,
Tag, wo n ein Volk sich würd' erlesen
   In freier Wahl sein Herrscherhaupt!" —

In Ehrfurcht sei von uns gedeten,
   Hieher in diesen heitern Saal
Zum Tisch der Lebenden zu treten,
   Du ernster Gast i n Erdenthal!
Du pflegst das Volk nicht zu verachten,
   So wolle denn, von uns u n ringt,
Den schlanken jungen Mann detrachten,
   Der uns den Wein, die Schüsseln dringt.

Sieh hin, er trägt ein Kreuz von Eisen
   An einen schwarz und weißen Band;
Dir ist, was dieser Schmuck will heißen,
   Von alten Tagen wohl bekannt.
Doch kann er's nicht von damals haben,
   Als Erde streicht n an es nicht ein,
Es muß von diesem wackern Knaden
   Mit eignen Arm errungen sein.

Das zweite, das daneben funkelt
   Von dunten Schmelz und Goldeslicht,
Das seine Ritterkreuz verdunkelt
   · Des schlichten Nachbars Ehre nicht:
Sein Landsherr hat's ihn angeheftet,
   Des Männerwerthes wohl dewußt.
Gib zu: hier ist dein Wort entkräftet
   Vom trüden Stern auf kalter Brust.

Wenn er, gefällig anzuschauen,
  Mit grünen Bohnen uns bedenkt:
Jüngst hat er n it gegoßnen blauen
  Aus heißen Rohr den Feind beschenkt.
Mit leichten Griff befreit er eden
  Das Rebenblut aus seiner Haft:
So sachte nicht in Kampf un's Leben
  Entkorkte er den rothen Saft.

Da diente er bei andrem Schmause
  Dem fürchterlichen Schlachtengott
Im mörderischen Kugelsause
  Bei Marslatour und Gravelotte.
Mit seinen Volk in Wehr und Waffen
  Hat er in blutgestriemten Feld
Redlich an Reiche mitgeschaffen,
  Zugleich ein Kellner und ein Held. —

Es thaut auf deinem Angesichte;
  Dem Geist von höherem Geschlecht,
Dem Genius der Weltgeschichte
  Beugt sich dein Trotz auf's alte Recht.
Noch ist nicht Alles rund beisammen,
  Auch uns gefällt's nicht allerwärts,
Doch seh' ich dir das Auge flannen
  Und klopfen hör' ich dir das Herz.

Auf und für Perſonen.

———

Zur Mörike=Feier in Stuttgart

am 4. Mai 1876 geſprochen bei Bekränzung der Büſte des Dichters.

Wir wiſſen's wohl: du würdeſt dich erwehren;
Du liebteſt nicht die öffentlichen Ehren,
Nicht vorzuglänzen war dein keuſcher Wille
Und deine ſüße Freundin war die Stille.
Wir aber hier in dunkeln Körperſchranken, —
Verzeih', o ſel'ger Geiſt, — un dir zu danken,
So ſtille, wie du möchteſt, nein!
So ſtille können wir nicht ſein.

Doch fürchte Nichts! Wir ſind nicht allzulaut,
Wir bitten nur ganz ſachte, ganz vertraut:
Auf deiner Stirne ſanfte Geiſterhügel,
Umweht von fremder Lüfte weichen Flügel,
Ninn, von Apollo's dunklem Blatt belaubt,
Den ſchlichten Kranz — du trägſt ihn leicht,
Den Kranz, dem doch kein andrer gleicht, —
Es grünt dein Ruhn und wächſt dir über's Haupt.

J. Paul Fr. Richter.

O du, dem unter Narrheit, unter Witzen
Der Sehnsucht Zähren an der Wimper blitzen,
　　In Scherz und Schmerzen schwärmender Bacchant!

Der Kunstform unbarmherziger Vernichter!
Du Feuerwerker, der romanische Lichter,
　　Raketen aufwirfst, Wasser, Koth und Sand!

O du, dem hart an überschwellten Busen
Ein Spötter wohnt, ein Plagegeist der Musen,
　　Der Todfeind des Erhab'nen, der Verstand!

Grabdichter, Jenseitsmensch, Schwindsuchtbesinger!
Herz voll von Liebe, sel'ger Freude Bringer
　　Im armen Hüttchen an des Lebens Strand!

Du Klud, du Greis, du Kauz, Hanswurst und Engel!
Durchsicht'ger Seraph, dreiter Erdenbengel,
　　Im Himmel Bürger und in Bayerland!

Komm, laß an deine reiche Brust mich sinken,
Komm, laß uns weinen, laß uns lachen, trinken,
　　In Bier und Thränen nächtiger Kneipant!

Jof. K. g. L. in's Stammbuch.

Die gute Frau, wen ift fie zu vergleichen?
  Dem Stückchen Zucker, das in's Waffer fällt
  Und keine Kraft der Kraft entgegenftellt,
Die ringsum eindringt, ganz es zu erweichen.

Es fchmilzt, wird nichts. O unerquicklich Zeichen
  Der Schwäche, die nicht Wehr und Waffen hält!
  Gibt es ein ärner Wefen auf der Welt?
Und dem willft du ein Frauenherz vergleichen?

Geh' hin, von Glas zu koften und zu trinken!
  Dann fage, wer den Andern hat bezwungen,
  Wer unterlag in Kriege ohne Krieg!

Ein Wirken war das willige Verfinken,
  Ganz ift der Trank von Süßigkeit durchdrungen,
  Das ganze Opfer war ein ganzer Sieg.

An Fr. T.

Mit des Auges hellen Strahle
  Schickft du Gaben frifch und blank,
Sendeft nir in edler Schale
  Unverdienten Blumendank.

Nicht fo arm find doch wir Alten!
  Nach des Lebens harten Strauß
Fällt uns durch der Anmuth Walten
  Noch ein Röslein in das Haus.

Das erquickt! — Ach, unfre Würde
  Ist zur Hälfte Lug und Trug
Und sie trägt sich schwer, die Bürde:
  Alt und noch nicht alt genug.

Einem Studenten in's Stammbuch.

Fürbaß
Ohn Unterlaß!
Nicht in blut'gen Feld allein
Kann nan Marschall Vorwärts fein.

Blanta C. in's Stammbuch.

Sei gefund, nicht öfter krank,
  Als die Sterblichkeit es bringt.
Nie erfahre Trug und Rank,
  Der nit Schlangenring umschlingt.
Zwift und Zwietracht, zäher Zank
  Bleib' auf weite Meilen fern.
Ernte Dank und zolle Dank,
  Diene gern, ninm Gade gern.
Freue dich an Spiel und Schwank,
  Fröhlich sei zur guten Stund',
Aber ernft und ohne Wank
  Ankre in des Lebens Grund.

Sag' die Wahrheit frei und frank,
   Hell, mit mildem Blick und Mund.
Lerne gern, die Schülerbank
   Ziemt uns, nimmer lernt man aus;
Der Gedanke, rein und schlank,
   Hebt den Geist aus Qualn und Graus.
Halte deine Seele blank.

Scherz und trockener Ernst.

Altersanfang.

Fliegen-Orakel.

Nach neinem Mittagsmahle
Bei heißen Sonnenstrahle
　　Saß ich in guter Ruh'.
Halb las ich in der Zeitung,
　　Halb fiel das Aug' nir zu.

Da kommt hereingeflogen,
Da schweift in trägem Bogen
　　Eine Mucke, dick und schwer,
Mit Sumseln und nit Brumseln
　　Um neinen Lehnstuhl her.

Bald hör' ich sie an den Scheiben
Mit dem Kopfe tronneln und reiden,
　　Bald fliegt sie her zu nir,
Neckt mich nit Surren und Kitzeln,
　　Das dumpfe, träge Thier,

Thut auf den Schädel nir sitzen,
Der von dem Sorgen und Schwitzen
　　Tagtäglich kahler wird,
Dann kriecht sie nir auf der Nase,
　　Dann wird das Ohr umschwirrt.

Da fühlt' ich's in mir tagen:
Sie wollte mir etwas sagen
 Als ein Orakulum,
Es wollte mir Wahrheit künden
 Ihr schläfriges Gebrunn.

Und was sie da gesumselt,
Und was sie da gebrumselt,
 Verstand ich alsobald.
Es hieß: O . . . . , ... -
 O . . . . ! du wirst alt!

Weisheitszahn.

Der sogenannte Weisheitszahn,
Zwar als der letzte kommt er an,
Doch in mer früh genug.
Der Name scheint mir Trug.
Der Weisheit kleine Portion,
Wozu es bringt der Erdensohn,
Sie wird mit Schmerzen erst geboren,
Wenn wir schon manchen Zahn verloren.

Imbiß.

Gestern Abend, als mir so ungewohnt
 Mein täglicher Imbiß schmeckte,
Geschah es, daß dieser Umstand mir
 Ein eigen Gefühl erweckte.

Vilcher, Lyrische Gänge.

Ich gedachte des mächtigen Appetits,
   Den ich in der Jugend besessen,
Und freute mich, daß der Greis auch noch
   So kräftig vermöge zu essen.

Thränen der Rührung fühlt' ich sogar
   Aus dem Auge schleichen und wallen,
Da mußt' ich bemerken, daß eine davon
   In den Löffel hineingefallen.

Das verschlug mir wieder den Appetit,
   Den Löffel riß ich von Munde
Und schleudert' ihn fort in's Stubeneck,
   Die Brühe gab ich dem Hunde.

Doch lachend zog ich dann die Moral:
   Ein andermal rühr' es dich minder!
Ein Greis, der werde nicht sentimental
   Und esse frischweg wie die Kinder!

Den seligen Gellert glaubt' ich zu seh'n
   Und sagen zu hören: ei, Töffel!
Siehst du, da ist dir Recht gescheh'n,
   Drum heule nicht in den Löffel!

—>∘<—

Schlittenfahrt.

Manchmal an einer Schlittenfahrt
Erkenn' ich recht die Menschenart.
Mit rothen Ohren und blauen Nasen,
Schnatternd, von Winde zerwühlt, zerblasen,

In Pelze vermummt bis über's Kinn,
Mit verbürgter Aussicht auf Winterbeulen:
So hocken sie in der Schachtel drin;
Sie möchten eigentlich lieber heulen;
Doch weil die Pferde springen
Und weil die Schellen klingen,
So meinen sie auf der glatten Bahn —
Wie sehr den sonderbaren Wahn
Ihr Hirn auch rügt —:
Sie seien vergnügt.

———

Und den einfachen Mann daneben,
Der gern seinem Hirn Gehör mag geben,
Der gerne still und stet
Seiner Wege geht,
Ihn drängt in den Wall von Schnee hinaus
Der unvernünftige Saus und Braus. —
— Bleib' ruhig, Alter, zürne nicht drauf,
In deiner Klarheit sollst du beharren;
Das ist halt die Welt, das ist ihr Lauf,
Die dreite Straße gehört den Narren.

———

Weg schmolz der Schnee,
Fest dleidt die Idee:
Gerutscht nuß sein!
Noch wässert das Kindermaul
Nach dem süßbittern Schleck,
Schon spannt man ein
Und den Schlitten schleppt der geschundne Gaul
Durch den Dreck.

Wären's nur Junge, wär' nichts zu spotten,
Möchten nur in n er hotten und trotten;
Jugend darf närrisch sein,
Trunken von Schein.
Aber der alte Hans,
Aber die alte Gans,
Wie mögen Die noch drin hocken,
Noch spielen nit Tocken?
Wie steht's zu den welkenden Zügen,
Sich noch gar so dumm zu belügen?

Greifenglück.

Wie n an das Alter auch nag verflagen,
Wie viel Uebles auch von ihm sagen,
Die Ehre muß nan ihm dennoch geben,
Daß es uns gönnt, noch das zu erleben,
Wie es thut, sich fühlt und schmeckt,
Wenn sie, die uns so toll geschreckt,
Verbellt, gejagt, durch die Wälder gehetzt,
Wenn sie nun endlich zu guter Letzt
Abläßt von ihrer keuchenden Beute,
Die Jägerin nit der grin nigen Meute,
Die wilde Jägerin Leidenschaft.
Es schmeckt wie ein kühlender Labesaft,
Es schmeckt wie ein Schläschen nach Tische gut,
Wo nan so sanft einnicken thut.
Also, ihr Leidenschaften, Ade!
Euer Abschied thut n ir nicht weh!

Doch Eine will ich behalten, Eine:
Den Zorn auf das Schlechte, das Gemeine.

———

Und doch.

Zu melden ist von schrecklichem Gesichte,
   Das nich zumeist nach Freudenfesten plagt.
Es träumt nir dann von jüngsten der Gerichte,
   Da zucken Blitze, daß es grausig tagt,
Nach meines Lebens wechselnder Geschichte
   Wird unbarmherzig in Verhör gefragt;
Ich wälze nich auf neinen Schlummerkissen
Und jede Sünde fällt nir auf's Gewissen.

So zun Exempel, wie dein flotten Mahle
   Des Schaumweins Naß, der allzureichlich floß,
Ich aus dem jäh gehobenen Pokale
   Auf einer Dane seines Kleid vergoß,
Benebelt auch von ihrer Augen Strahle
   Noch etlich Böcke — keine kleinen — schoß,
Dann gegen Spott nich jugendlich erhitzte
Und Sinn und Unsinn durcheinander blitzte.

Die Nacht darauf nit Zittern und mit Beben
   Stand ich in Traume vor des Richters Thron.
Ach, rief ich, Herr! Bedenke, daß für's Leben
   Du nir so etwas — o, du weißt es schon! —
So eine Dosis Wahnsinn mitgegeben;
   Laß Gnade walten! Nach Proportion —
Du kannst's in neines Lebens Akten lesen —
Bin ich noch ziemlich ordentlich gewesen.

Da steh' ich. Weh! Er runzelt seine Brauen,
  Oeffnet den Mund zu tödtlichem Gericht,
Mir schwanet von der tiefsten Hölle Grauen —
  Doch seht! Er sinnt — er fällt den Spruch noch nicht;
Ja schon beginnt er freundlicher zu schauen —
  Wohl mir: er nickt, er lächelt und er spricht:
Nun, alter Esel! Da, zur Rechten wandre!
Man rechnet dir so Eines in das Andre.

Großvater.

Schöpfer eines Menschen sein
  Ist nicht klein,
Ist fast wie ein König,
  Aber Schöpfers Schöpfer sein
Ist doch auch nicht wenig.
Hold grüßt den Müden, aber Ungebeugten
Als Zeuge der Gezeugte des Gezeugten.

Ein= und Ausfälle.

Nur Traum.

Wie hoch die Welt sich bäumet,
Wie laut auf breiter Spur
  Das Leben schäumet,
  Uns alle träumet
    Der Weltgeist nur.

———*———

Schein und Sein.

Was heißt denn Schein?
Was heißt denn Sein?
Das Räthsel, dacht' ich, ist nicht klein.
Da fiel mir eine Probe ein:
Das, was der Menge scheint nur Schein,
Ist Sein,
Und was ihr scheint das wahre Sein,
Ist Schein. —

  Zum Schein
Sag' Nein!
Zum Sein
Schlag' ein,
So kannst du glücklich sein.
Freundlicher Sterne Schein
Obendrein
Wird dir zu wünschen sein.

Natur.

Natur, du seltsam Ding!
　Am einen Ende gemein,
　Am anderen seelisch sein
Und doch geschlossner Ring.

— ⬩◇⬩ —

Nachts und Morgens.

Nachts.

Armer Laternenschein!
Suchst in den Nebel hinein,
Möchtest und kannst doch nicht,
Dumpf, dicht,
Breit, schwer
Liegt er unher. —
So trübe bricht
Am alten Räthsel sich das Geisteslicht.

Morgens.

Sonne, wie scheinst du rein
Heut in die Welt herein!
Jegliches, was da lebt,
Wie es so klar sich hebt
Und doch in Ganzen webt!
Und hinter all dem vollen Schein,
Was mag da wohl verborgen sein?
　„Noch inner suchen, Grübler, der du bist?
　Freu dich an dem, was vornen ist!"

Gedicht und Sinn.

Du hoffst von der Dichtung Lust und Behagen
Und pflegst nach den Sinn erst lange zu fragen?
Laß dem innern Auge das Bild sich zeigen,
So wird auch der Sinn von selber dir eigen;
    Erspar' dir, Guter, die Mühe; der Sinn,
    Er ist nicht dahinter, er ist darin.

Ein Kunstfreund, dem ein Gemälde nan brächte:
Wie wär's, wenn er so an den Sinn nur dächte,
Daß er's nähne, die Rückwand vorwärts drehte
Und auf dem Brett, auf der Pappe spähte,
    Ob nirgends darauf eine Glosse steh',
    Woraus er des Bildes Sinn erseh'?

Fragst du nach der Dinge Begriff und Wesen,
Greife nach Büchern, leg' dich aufs Lesen,
Und hast du gelesen, so magst du fragen:
Wie hab' ich den Geistgewinn anzuschlagen?
    Kannst du nicht schauen, so ist die Kunst,
    Gesteh' es nur inner, dir eitel Dunst.

Konfession.

I.

Wohl nir, daß ich, in altprotestantischen Lande gedoren,
Stärkende Ketzerluft durfte schon athmen als Kind!
Freilich es ist gesorgt, daß nicht in den Hinnel die Bäume
Wachsen; des Heidenthums wahrte noch Luther genug;

Augurn fehlen uns nicht; wenn dann der Staat sie begünstigt,
    Schießt das Tyrannengelüst lustig und üppig in's Kraut,
Ja in Synedriumsgeist amtiren Söhne von Denkern,
    Daß sich der Vater im Grab wendete, könnt' er es seh'n.
Wahr ist auch, ein trockner Geruch, ein saurer, verhockter,
    Altgebackner umhaucht unserer Kirche Gestühl.
Aber stetig und stark durch Thüren und Fenster und Ritzen
    Streicht doch ein frischer Zug lebender Lüfte herein,
Und es erfreut mich doch, so gründlich verachtet zu sehen
    Fetisch= und Heiligendienst, Dalai Lama in Rom,
Und ich vernehme ihn gern, den altsprichwörtlichen Ausruf —
    Schad wär's, käme er ab, hoffentlich bleibt er in Brauch,
Oefters hört man ihn noch, wenn Einer so recht desperat ist
    Und die verrückteste That wüthend für möglich erklärt —:
„Wetter! Da möchte man ja vor Zorn katholisch noch werden!"
    Ruft er und schlägt auf den Tisch, hat sich entlastet und
                      lacht.

II.

Grund zur Toleranz.

War da ein freundlicher Herr, auch ließ sich viel mit ihn
                      reden,
    Staat und Religion nahmen wir vor in Gespräch.
Ganz frei war er in Geist und gleich war's, ob an dem einen
    Oder an andern Altar einst er die Taufe empfieng;
Keinerlei Neugier spürt' ich, doch also lenkt' er die Rede,
    Daß er mich merklich zwang, endlich zu fragen danach.
Sind Sie katholisch? fragt' ich ihn denn, er lächelte, nickte,
    Ja, mit Verlaub, mein Herr, sagt er, so bin ich getauft;

Aber wissen's, da war ich halt noch ein winziges Kindlein,
    Armer gewickelter Wurn, konnte nich wehren noch nicht.

III.
Grund zur Intoleranz.

Bist du geärgert, Leser? Ich will's nicht hoffen, ich zählte
    Gar so von Herzen gern zu den Vernünftigen dich,
O zu dem lichten Kreis der denkenden Geistergemeinde,
    Wie sie in Klaren wohnt über den Dunste der Welt.
Glieder von allerlei Volk unfaßt die vertraute Gesellschaft,
    Und nach dem Taufbuch wird Keiner von Keinen gefragt;
Kirchen gibt es da nicht, da gibt's nicht Religionen,
    Aber in heiligen Ernst waltet die Religion.
Doch so sanft sind sie nicht, die einverstandenen Geister,
    Als sie in weichen Gemüth sich der Empfindsame denkt;
Freilich, sie sind tolerant, doch je toleranter, um desto
    Mehr auch intolerant gegen die Intoleranz;
Herzlichen Mitleids Zoll dem Volke der armen Bethörten,
    Aber gründlichen Haß gegen die Pfleger des Wahns!
Denn sie hasset den Wahn, die Vernunft, sie nuß ihn ja hassen,
    Muß ihn bekriegen wie Phöbus Apollo die Nacht.
Kennst du in Lessing nur den nilden Dichter des Nathan,
    Bloß zur Hälfte fürwahr kennst du den herrlichen Mann.
Lies du den „Antigöze" und sieh ihn wettern und blitzen
    Gegen des Pfaffenthums päpstisches Ketzergericht.
Kennst du den heiligen Zorn auf Schillers leuchtender Stirne?
    Siehst du in seiner Faust blinken das schneidige Schwert?
Kennst du das Gorgohaupt, von dessen Betrachtung er her-
                                     kommt,

Unserer Leidenszeit blutiges, grasses Gespenst?
Dreißig Jahre des Kriegs mit jenen finsteren Mächten,
   Der das gesegnete Land endlich zur Wüste verkehrt!
Glaubst du, er senkte sein Schwert und bärg' es zahn in die
                       Scheide,
   Schwebte er heute zu uns nieder in's irdische Thal,
Säh' er an Andos steh'n die schwarzen Gesellen und eifrig
   Nägel, spitzig und lang, schmieden zum Sarge des Reichs?
Unseres deutschen Reichs, mit theurem Blute gekittet,
   Daß wir als Nation endlich mit Ehren besteh'n,
Ja mit Strönen des Bluts, wie einst es die Ahnen vergossen
   für des Gewissens Recht gegen die Ketten des Wahns —
Glaubst du, er senkte sein Schwert? Er zückt' es blitzend und
                    schlüge
Hauend mit Geistermacht unter die Rotten des Feinds.
O, sie ruhen ja nicht, sie sorgen dafür, daß die granse
   Blut'ge Erinnerung nicht schlafe in Sarge der Zeit!
Könnten sie nur, sie würden den Holzstoß schichten noch heute
   Und die Opfer mit Lust sehen zu Asche verglüh'n.

———•••»☰«•••———

Die Beichte.

   Die Beichte
   Ist eine leichte
   Und seichte
   Manier, sich der Schuld zu entladen.
   Man packt zusammen den Schaden
   Und wirft das Paket zum Spediren,
   Zum forteskamotiren

Hinüber dem ehrwürdigen Sündenbittel,
Dem Herrn in langen, schwarzen Kittel,
Der so willfährig tritt in's Mittel.
Aber man muß seine Sachen
Mit dem lieben Gott selbst abmachen,
Denn es ist doch klar:
Er hat keinen Vikar.
Und übrigens ist's eine Lügenschule,
Dieweil man den Herren, der sitzt in Stuhle,
Wie wißdegierig er horcht und fragt,
Doch nimmer die ganze Wahrheit sagt;
Da kann es denn schließlich auch nicht fehlen:
Man lernt vor sich selber lügen und hehlen,
Man macht's dem Gewissen, das gar so bitter,
Just wie dem Pfaffen hinter dem Gitter;
Ein Beichtkind ließe sich eher verbrennen,
Als es lernt, sich selber prüfen und kennen.

— ✳ —

Tragische Geschichte von einer Cigarrenschachtel.

Mit Anhängen.

Am Hafen von Hamburg stand ich einmal,
Besah mir der Schiffe gedrängte Zahl;
Kolosse ragten in Wald hervor,
Staunend sah ich daran empor,
Besonders erschien ich mir fast wie ein Zwerg
Genüber einen hölzernen Berg,
Neben dem die andern, die auch nicht klein,
Einschrumpften zu ärmlichen Hügelein.

Es war in gewaltigen Bau kein Regen,
Doch sah ich in Geist ihn schon sich bewegen,
Aufthat sich vor mir die große Bahn,
Der unermeßliche Ozean,
Darauf er gefaßt stand ohne Zagen,
Der stolze Schwimmer, die Fahrt zu wagen.
Ich sah ihn schweben durch blaue Luft
Geruhig über der schwarzen Gruft,
Ich sah ihn ringen mit Sturmes Wuth,
Mit der grimmigen, schäumenden Wogenflut
Und ich sah hervor aus der schrecklichen Schlacht
Als Sieger ihn gehen in seiner Pracht.

Wie ich nun so stand in Gedanken
Und mein Aug' an den stolzen Flanken,
Den Masten hinaufstieg und langsam wieder
Ueber die hohen, breiten Glieder
Herunterlief und das Wasser streifte,
Das den ruhenden Kiel umschweifte,
Da kam spielend auf grünlicher Welle,
Spazierenrutschend mit mäßiger Schnelle,
Sichtbarlich spottend jeglicher Schwere,
Eine daufällige, brüchige, leere
Cigarrenschachtel herangetänzelt,
Leichtfertig zierlich herangeschwänzelt.
Sie rudert grad, sie rudert krumm,
Dreht wirbelnd sich in Kreis herum,
Treibt wieder vorwärts; mit Verdruß
Sieht sie den Riesen, ein Entschluß
Zuckt in ihr auf, der windige Wurm

Schickt sich zum Angriff auf den Thurm,
Läuft an und pufft: „Klipp, klapp, klapp, klipp!
Da hast du ein's an Mammuthsripp!"
— Wupp dich! — „Au! Hart!
Aber wart nur, wart!
Nur zu neuen Anlauf hüpf' ich zurück,
Versuche noch einmal kühn nein Glück!"
Noch einmal wagt es der freche Tropf,
Rennt an nit dem Schädel, dem leeren Kopf:
Wupp dich! O weh!
Ade!
Zerschellt
Ist der flotte Held,
Unbrauchbar selbst für Trödelkram und Schacher
Schwinnen die Splitter ringsunher. —
Da fiel nun so von ungefähr
Mir Goethe ein und seine Widersacher.

Anhang 1. Unterschied.

„Und du selder,
Vor Misgunst Gelder?
Hast's ja nicht besser getrieden,
Hast an ihn dich gerieden,
An dem Herrlichen, Großen
Den Kopf dir zerstoßen."

— Du Dämischer
Und doch Hämischer,
Der nit trübem Kopfe
Mengt in Einem Topfe

Des Neides häßliche Triebe
Und die erzürnte Liebe!

Anhang 2.   Götzendienst.

Kritik ist keine Sichel,
  Zu nähen kurz und klein,
Aber Verehrungsmichel
  Kann man doch auch nicht sein.
Michel und seine Vetter,
Sie brauchen Götter.
Sei groß nach Möglichkeit
In deinen Schranken,
Sie werden nicht danken,
Verlangen ein Götterkleid,
Wollen betend verehren
Und stets vernehren,
Daß sie nirgends und nie
Sich könne leeren,
Die Mythologie.
  Es ist recht so
Und ist auch schlecht so.
Alle Phantasmen
Dienen der Kunst
Und sind auch Miasmen,
Giftführender Dunst,
Veredeln, bessern, erhöhn
Und gleichen dem lauen Föhn,
Der so süß und so schmeichelnd lacht
Und dafür mit Gewitterschlägen,

Mit peitschendem Sturm und stürzendem Regen
Die unbarmherzige Rechnung nacht,
Als folgte auf Harfengetön
Wuthgeheul wild und gräßlich;
Ja, da ist häßlich schön
Und schön ist häßlich. —
Verliebte verehren,
Verklären
Mit Recht und Fug,
Wo herzlich Achten wäre genug;
Daß die Andern es auch so halten,
Todte erheden zu Göttergestalten,
Das führt uns Genien in das Leben,
Mit denen wir hoch und höher schweben,
Das erzeugt uns Drachen
Mit fletschendem Rachen.
Mit seinen freundlichen Menschenzügen
Will ihnen Jesus nicht genügen,
Ein Gottessohn nuß er sein:
Und in höllischem Flammenschein
Müssen, weil sie's nicht glauben können,
Tausende, aber Tausende drennen,
Unter der Folter in Henkershänden
Vor Schmerzen brüllend ihr Leben enden,
Denn der limbus
Infantium
Braucht Nindus
Und Götterthum.

Anhang 3.   Ohne.

Wir haben keinen
Lieben Vater in Himmel.
Sei nit dir in Reinen!
Man muß aushalten im Weltgetümmel
Auch ohne das.
Was ich Alles las
Bei gläubigen Philosophen,
Lockt keinen Huud von Ofen.
Wär' Einer droden in Wolkenhöh'n
Und würde das Schauspiel mitansch'n,
Wie mitleidslos, wie teuflisch wild
Thier gegen Thier und Menschenbild,
Mensch gegen Thier und Menschenbild
Wüthet nit Zahn, nit Gift und Stahl,
Mit ausgesonnener Folterqual,
Sein Vaterherz würd' es nicht ertragen,
Mit Donnerkeilen würd' er drein schlagen,
Mit tausend heiligen Donnerwettern
Würd' er die Henkerknechte zerschmettern.

Meint ihr, er werde in anderen Welten
Hintennach Bös und Gut vergelten,
Ein grausam hingemordetes Leben
Zur Vergütung in seinen Himmel heden?
O, wenn sie erwachten in anderen Fluren,
Die zu Tod genarterten Kreaturen:
„Ich danke!" würden sie sagen,
„Möcht' es nicht noch einmal wagen.
Es ist überstanden.   Es ist geschehen.

Schließ' mir die Augen, mag nichts mehr sehen.
Leben ist Leben. Wo irgend Leben,
Wird es auch eine Natur wieder geben
Und in der Natur ist kein Erbarmen,
Da werden auch wieder Menschen sein,
Die könnten wie dazumal mich umarmen —
O, leg' in's Grab mich wieder hinein!"
 Wer aber lebt, muß es klar sich sagen:
Durch dieß Leben sich durchzuschlagen,
Das will ein Stück Rohheit.
Wohl dir, wenn du das hast erfahren
Und kannst dir dennoch retten und wahren
Der Seele Hoheit.
In Seelen, die das Leben aushalten
Und Mitleid üben und menschlich walten,
Mit vereinten Waffen
Wirken und schaffen
Trotz Hohn und Spott,
 Da ist Gott.

Sprache.

I.

Wohl mir, daß ich in Land aufwuchs, wo die Sprache der
                                     Deutschen
Noch mit lebendigem Leid in Dialekte sich regt,
Milch der Mutter noch trinkt, noch quellendes Wasser am
                                     Borne,
Vom Schulmeister noch nicht rektifizirtes Getränk!

Jn ner wenn Einer spricht, der nie gelebt in der Mundart,
   Hör' ich in Oberton einen didaktischen Klang.

II.

Freue des Lobs dich nicht, n ein biederer schwäbischer Vetter,
   Der du verwachsen blind in Dialekte noch steckst,
Der du kokett naiv vor fremden Ohren ihn bloßstellst:
   Dazu, gemüthlicher Freund, ist er zu schlecht und zu — gut.
Nicht versteht es die Welt, welch' ungehobene Schätze
   Köstlichen ächten Golds er noch in Schoße bewahrt.
Draußen weiß man es nur, daß er nicht korrekt und modern ist,
   Und der Jroniker lacht über das lallende Kind.
Daß ein Schnitzer ihn scheint, was organisch gut und naturvoll,
   Reicher und saftiger ist, wundre und ärgre dich nicht!
Unrecht hat er, es sei! Doch Recht auch hat er in Unrecht;
   Sieht er auch farblos hell, sieht er doch heller als du.
Soll von Besondern heraus das Allgemeine sich bilden,
   Schwindet auch in ner ein Theil Frische und Fülle dahin.
Kennst du es ganz, das Gut, wenn in Einer Sprache sich
                            finden,
   Sich empfinden, versteh'n sämmtliche Stän ne des Volks?
Kennst du des Gutes Werth? Er ist unendlich. Die Mundart,
   Traulichem Lampenschein gleicht sie in wohnlichen Haus,
Aber die Sprache, sie gleicht der Königlichen, der Sonne,
   Wie sie in's Offne hinaus Meere des Lichtes ergießt.

III.

Also, Lieder, was folgt? Man befehle jeglichen Schwaden:
   Drei der Jahre hindurch sprichst du kein schwäbisches Wort!

Wenn dir Eines entfällt, so trifft dich empfindliche Strafe:
　　Etwa nit Einer Mark werde die Sylbe gebüßt!
Ist sie zu Ende, die Zeit, so bist du entlassen und frei nun
　　Stehst du, ein wählender Herr, über und im Dialekt,
Meidest, wo er nicht paßt, und sprichst ihn, wo er in Recht ist,
　　Unter den Deinen, in Haus, in den befreundeten Kreis,
Scheidest nit freien Blick, was er hat, von dem, was er nicht
　　　　　　　　　　　　　　　　　　　　hat,
　　Scheuest vielleicht sogar einiges Studium nicht.
Nun erkennst du das Gold, das einst die Sprache zurückließ,
　　Als sie aus Mundartschoß langsam und schwer sich entband,
Hebst es nit sicherem Griff und rückst es kühnlich in's Licht
　　　　　　　　　　　　　　　　　　　　vor,
　　Wo die Sprache der Schrift Lücken und Blößen dir zeigt.
Jetzt, Freund, bist du in Recht und magst des Kritikers
　　　　　　　　　　　　　　　　　　　　lachen,
　　Der von Sprache nur weiß, wie sie die Schule dozirt.
Laß ihn stehen, den Kopf, der eine lebendige Sprache
　　Vor der Bereicherung Glück hütet, als wäre sie todt,
Laß ihn stehen, er riecht ja nichts, er ist ja von Leder,
　　Lederne Nase verspürt nin ner den Hauch der Natur.

IV.

　　Zeitungsdeutsch, ihr neine Lieden,
　　Nein! Das hab' ich nie geschrieben,
　　Die Setzer hab' ich arg erschreckt,
　　Die Korrektoren hart geneckt.
　　Sie aber waren auch nicht dunn n,
　　Sie drehten klug den Stiel herum,

Sie haben mir's in's Wachs gedrückt:
Mit Besserungen zun Verzweifeln
Ward nir von diesen schwarzen Teufeln
Zun Schlusse noch der Text beglückt.

Mann und Weib.

Nach Freiheit strebt das Weib, der Mann nach Regel.
Gedieten nag die Laune, spricht das Weib;
Gesetz und Rhythmus herrsche, spricht der Mann.
So kann es konnen, daß er Sklaven zieht,
Und kann auch konnen, daß er Sklave wird,
Vielleicht auch Beides: herrisch und servil,
Im Kleinen selbst nicht läßlich, ein Pedant.
Drun ist ihn die Genossin beigegeben,
Daß seines Lebens harten Winkelmaß
Das Spiel der freien Linie nicht sehle.
Drun ist ihr der Genosse deigegeden,
Danit der Ranke nicht der Stab gebreche.

Ein großer Dichter sagt das Gegentheil;
Doch fällt nir da aus neinen Hegel ein,
Wie hübsch er sagt: anstatt Entweder Oder
Sei in den Fragen, welche tiefer liegen,
Ein Sowohl Alsauch meistentheils zu setzen.
Zwei Sätze, die als Widerspruch erscheinen, —
Wer tiefer denkt, kann schließlich sie vereinen.

Dank für Rath.

„Den Kuß und dann die Kralle,
So sind sie alle.

„Die Kralle, dann den Kuß
Macht ihnen nicht Verdruß." —

„„Nimm's nicht so schwer! Laß ruh'n!
Sie wissen nicht, was sie thun.

„„Oder geh' fort! Geh', wandere!
's gibt andere,
Nicht alle sind Katzen
Und kratzen.
Bist eben zu lang geblieben;
Man muß mit gepacktem Koffer lieben.

„„Was ist der Koffer? Es ist dein Geist,
Der dich in ner gefaßt sein heißt.
In die Liebe zumeist darf nur sich wagen,
Wer auch enden kann und entsagen."" —

„Dank für den Rath, den mir die Weisheit spricht;
Er lautet: liebe, aber lieb' auch nicht."

Verloren.

Keuschheit verloren:
Etwas verloren,
In der Ehe etwas gewonnen.
Scham verloren:
Alles verloren,
Die Seele in Schmutz zerronnen.

Selbstgefühl.

Fehlt es an wahren Selbstgefühl,
Da dient der Stolz als hohler Pfühl.

Wem wird viel an Triumphen liegen?
Dem, der die Kraft nicht hat zu Siegen.

Uebermuth und Sklavensinn,
Die sind in Einer Schachtel drin.

Vortheil des Alterthums.

Im Alterthum hatten die Schneider
    Noch wenig zu schreiben in's Buch,
Denn meistens trug nan die Kleider
    Aus ungenähtem Tuch.

Drum trugen die Menschen auch innen
　　Noch weniger Schnitt und Bruch
Und war in allen Beginnen
　　Noch nicht soviel Schneidergeruch.

———

„Sie haben ihren Lohn dahin."

Herr Spitzling ist so klug und tief:
Die ganze Welt scheint ihn naiv.
Sein Augengläschen eingekniffen,
Das wie ein Mikroskop geschliffen,
Durchschaut er jeglich Ding aufs Haar
Und Alles, Alles ist ihn klar.
Ein Lächeln weilt auf seinen Zügen,
Die Ironie ist sein Vergnügen.
　Nun ist zwar der Ironiker
Natürlich kein Platoniker,
Doch nedenher sentimental,
Er seufzet un das Ideal
Und in ner sagt sein müder Blick:
Die Welt ist schlecht, es gibt kein Glück.
　Auf dieser Welt kein Glück? Ei wie?
Dein Glück ist ja die Ironie.
Wenn du dich allzeit lustig machst,
Mundwinkel zuckst und witzelnd lachst
Ob Andern, welche wie ein Klud
Ganz ohne Ursach' lustig sind,
So wohnt ja Lust, Lust über Lust
In deiner königlichen Brust;

Der Selbstgenuß ist doch nicht klein,
Der einzig weise Mann zu sein!
Drun geh'
Mit deinem Weh!
Klag' nicht un vorenthaltnen Lohn!
Er steht nicht aus, du hast ihn schon.

———

Anwendbar.

Ein weich verpackter,
Ein fein befrackter,
Nicht sehr intakter
Charakter.
  Den Vers, den hab' ich in Vorrath genacht,
Ganz ohne Objekt; ich hab' halt gedacht:
Ich nach' ihn einmal, er wird schon passen,
Man kann ihn brauchen in allen Gassen.

———

An einen bewunderten Koloristen.

Uns machst du nicht perplex!
Wo es gebricht an Haltung,
An fixer Durchgestaltung,
Ist alle Pracht der Farbe doch nur Klex.
Dieß ist unleugbar sancta lex. —
Zu e'nen ganzen Artifex
Will es noch anderes Gewächs,
Nein, du bist nicht pictorum rex,
Du bist und bleibst ein Farbenfex.

Erfolg.

Herr Sensatore,
    Ihr Roman
Bricht flott sich Bahn,
Macht viel furore,
Dieweil er so beweglich,
So nerv=aufreglich,
So bunt, so frei
Und auch so Leih=
Bibliotheklich.

Einhart's Wanderschicksal.

Novender 1878.

Auch Einer, der's erfahren,
    Der's gründlich hat erkannt,
Wie man mit Dichterwaaren
    Umspringt in deutschen Land.

Du sehntest dich nach Seelen
    Und zogst vertrauend aus,
Sie werden dir nicht fehlen,
    Und giengst von Haus zu Haus.

Du fandest Leder, Leder,
    Wo sonst die Seele sitzt,
Fandst ohne Kopf die Feder
    Zum Stiche schon gespitzt.

Die Feder? Nein, der Besen
   Aus Reisig, dick und schwer,
Wischt, eh' man nur gelesen,
   Breit über dich daher.

Man greift zum Abwischlumpen
   Und packt dich an dem Schopf
Und schlägt den wüsten, plumpen
   Dir platschend um den Kopf.

„Was ist denn das für Einer?
   So Einen mag man nicht!
Hat von uns Allen keiner
   Doch so ein fremd Gesicht.

„Weg mit der Zunft der Narren,
   fort mit der Käuze Zunft!
Wir wollen keine Sparren,
   Wir lieben die Vernunft.

„Ein ordentlicher Dichter,
   Der ist kein solcher Thor,
Von unserem Gelichter
   führt er uns Leute vor.

„Du machst uns einen Grusel,
   Denn sieh, du denkst zu viel!
Ein angenehmer Dusel
   Ist Dichters Werk und Ziel.

„Auch bist du uns zu gröblich,
   Decenz vernißt nan da,
Uns zog zun Anstand löblich
   Mana und auch Papa."

So pocht an tausend Pforten
   Umsonst das arne Buch,
Da trägt zun grauen Norden
   Es hin des Schicksals Fluch.

Dort an des Reiches Sitze,
   Im Geistrevier der Spree,
Dort, wo der Bildung Spitze,
   Wie gieng dir's da, o weh!

Eine Gansschaar kan gestiegen
   In langen Schwesterreih'n,
Am Wege sah dich liegen
   Ein trippelnd Gänselein,

Goldgelb, flaunweich wie Butter;
   Es knnspert dran herun
Und spürt kein Gänsefutter
   Und piepst: „Das Ding ist dunn!

„Es wird nir schlimm! Potz Wetter!
   Schon stellt ein Drang sich ein!"
Es richtet auf die Blätter
   Sein wuslich Schwätzerlein,

Schußfertig läßt es fallen
  Ein grasgrün Klitterlein. —
Zwei Herrn vorüberwallen
  Und rufen: ei! wie fein!

Sie greifen nach den Drecklein
  Und wickeln's in ein Blatt
Und reichen es als Schlecklein
  Der lieben Reichshauptstadt.

Blaustrumpf und Blaustrumpfritter
  Macht sich darüber her
Und all und jeden Zwitter
  Beglückt der hautgoût sehr.

Man schnupft, nan klatscht immense,
  Man ruft: wie riecht das schön!
Wie k . . . . n doch die Gänse
  Geistreich in Spree-Athen!

An die Trockenen.

Wenn ich zum Schöppchen geh' an Abend,
  Von Arbeit müde und erhitzt,
O, wie ist nir der Anblick labend,
  Wenn Euereins an Tische sitzt!

Da werd' ich ein Gespräch genießen,
  Fern von der Leidenschaften Gluth,
Gespräch, das nur gemächlich fließen,
  Ja nur so anetröpfeln thut.

Von Reben- und von Hopfenblüthe
   Fällt etwan ein zufriednes Wort,
Vom Ferndigen und seiner Güte,
   Von Bier und Tobak und sofort.

Der breite Herr in Mittelsitze:
   Seht ihn, wie er gemüthlich schmaucht,
Mitunter die Cigarrenspitze
   Besicht, wie weit sie angeraucht!

Wie ruht der Nerv in diesem Frieden
   Vom Drangsal, das gehäuft und kraus
Der anspruchvolle Tag beschieden,
   In sanftem Wiegenschlummer aus!

Dort seh' ich Einen auf der Lauer,
   Mit Sperberaugen blickt er her,
Von Goethe, Wagner, Schopenhauer
   Wünscht er zu sprechen inhaltschwer.

Ideen soll ich mit ihm tauschen
   Im Lärm an Wirthstisch, Abends spät,
Soll seiner dünnen Stimme lauschen,
   Wenn ringsum Alles kreischt und kräht.

Bleibt mir von Leid, ihr Geistesschnapper,
   Die ihr kein still Betrachten kennt,
Mit Feuerreiterhufgeklapper
   Nach Zielen in ner hetzt und rennt!

Ihr seid wahrhaftig noch im Staude,
  — Was einfach ist, fühlt ihr ja nie —
Daß ihr dieß Lied auf's nicht Prägnante
  Interpretirt als Ironie.

O, aber den, der sein verstohlen
  Mich anblinzt und es so versteht,
Den soll doch gleich der Teufel holen,
  Daß ihn das Schmunzeln hübsch vergeht!

Doch euch, ihr lieben trocknen Schweiger,
  Euch wünsch' ich herzlich gute Ruh';
Leis führe euch der Stundenzeiger
  Des Himmels tiefer Stille zu!

Schulmanns Schauer.

Neulich in warmen Gespräch mit einen gediegenen Schulmann
  Brach in Klagen ich aus über die traurige Zeit.
Hetze nach Geld und Genuß und Betrug und Wucher und Fälschung
  Sind ja, rief ich, fürwahr unter dem Monde nicht neu;
Dieß aber, dieß ist neu, daß, wenn man von Ehre und Pflicht noch,
  Von Gewissen noch spricht, höhnisches Grinsen erfolgt;
Daß man die Waaren fälscht, ist nicht das Aergste, die Wahrheit
  Wird entmischt und gefälscht von dem sophistischen Gift;
Unter uns wanket der Grund, es wanken die ew'gen Gesetze,
  Die mit des Pfeilers Kraft tragen die sittliche Welt.

Und der Biedre verſetzt: beſtätigen kann ich es leider,
  Wie nan in jetziger Zeit ewige Regel vergißt:
Schaudernd fand ich, und gar bei einen der beſſeren Schüler,
  Geſtern in Hebdomadar ut nit den Indikativ.

An einige große Häuſer.

Der Croupier war euch recht, weil er ein Ponpier war;
Doch hattet ihr bereits dis in das dritte Jahr
Den Brand zu Haus gelöſcht und wahrlich nur zu ſehr!
Ihr brauchtet ja den Ponpier nicht nehr.

Freilich der Edle ſprach ſo ein gemüthlich Wort:
„Fried' iſt das Kaiſerreich! Regiert nur ruhig fort!" —
Man grüßet, nan beſucht, nan küßt, umarmet ſich,
Zum Bruder wird der Bruder Liederlich.

Da greift er aus und holt aus dem Verehrer=Chor
Des Nordens Bären ſich, den Läſſigſten, hervor —
Er war es, der zuletzt ihn zu degrüßen kan —;
Er haut und trifft und legt ihn wirklich lahn.

„Auch recht! Von alter Furcht ſind wir defreit; nur zu!
Die Bärentatze ad! So hat nan beſſre Ruh'!" —
Jetzt wird nan erſt recht ſett und nanches ſtolze Haus
Sitzt nit dem Parvenu dei Wein und Schmaus.

Da kommt ein Tag, da spricht zu Oesterreich der Schelm:
„Wart', du benoostes Haupt! Ich rüttle dir den Helm!"
Mit Wälschland schlägt er los für Völkerrecht und Wohl,
Klopft an den Götzen: horch! und er war hohl.

Der Götze, halbzerklopft — o, der versöhnt sich, o!
Gibt her den Vetter für den Thron von Mexiko,
Senkt den Gemordeten still in die Kaisergruft
Und bleibt gut freund nit den Theaterschuft.

Da stürzet Preußen her! — „Jetzt komm zu Hülse, jetzt!
Den Wälschen hat es gar nir an die Ferse gehetzt,
Nur schnell!" Venedig gibt nan in die Hand des Wichts;
Er nimmt's und schenkt's den Wälschen und thut Nichts.

Hernach kommt eine Zeit: auf seinen eignen Sitz
Wird es ihn durmelich; er denkt: je nun, bein Blitz!
Auf Preußen hau' ich jetzt und den Nordbund hinein,
Es wird wohl auch ein hohler Götze sein.

Er läßt sich hetzen, hetzt und spielt Komödie so gut,
Daß der Franzose ruft: wir opfern unser Blut,
Daß wir den Croupier und Lulu, seinen Sohn,
Noch fürderhin besitzen auf dem Thron!

Er bricht den Krieg von Zaun; jedoch ein Strafgericht
War es für Preußen auch; es hatte nit dem Wicht,
Eh' es auf Oestreich schlug, gewisse Munkelei'n,
Daß er zum Siegespreis nicht sage nein.

Ein Glück nur, daß es nicht ein hohler Götze war!
Und, was noch hübscher ist, wie er nit seiner Schaar
Behaglich übern Rhein so will spazieren geh'n,
Sieht er, o weh! ganz Deutschland vor sich steh'n.

Der Michel hebt die Faust und treidt nit frohen Muth
Ihm in die Fratze tief den gerapsten Kaiserhut,
Und es erhellt zum Schluß der ganzen Mummerei,
Daß er der hohle Götze selder sei.

Nun aber guckt zurück, schaut euch noch einmal umb!
Warun bedurft' es denn nit diesem Kaiserthumb
Des Umstands gar so viel? Ihr war't berathen tunb!
Von Anfang war's doch klar: er ist ein Lunp.

— ✳ —

Burschenschaft und Corps.

Das war die alte Burschenschaft,
Die hoffte nit Ideen-Kraft
  Und nit viel Trinken und Singen
  Und festlichem Schlägerschwingen
Das ganze deutsche Vaterland,
Das schon so lang aus Rand und Band,
  Unter Einen Hut zu dringen.

Was Corps hieß, war gestreng verdammt,
Weil es von Sondergeiste stammt;
  „Laßt Junker da stolziren,
  Um Laub sich duelliren,

Indeſſen wir in edler Gluth
Alldeutſchlands ſtolzen Zukunftshut
  Eindünſten und prepariren!"

Die ſtolze Hoffnung war zu jäh,
Der Filz zu haarig, hart und zäh,
  Er ſtach, er kratzte, brannte,
  Die Mühe verlief im Sande.
Da kan ein alter Corpsburſch her
Und packt den Filz und walkt ihn ſehr
  Und brachte den Hut zu Staude.

„Nun, altes, ſchwarzrothgoldnes Haus,
Wie beugſt du dieſer Wahrheit aus?" —
  Ich wollte ihn necken und fangen;
  Doch ließ er den Kopf nicht hangen,
Er ſprach: „Ich nehn's nicht eben ſchwer,
Der Corpsburſch iſt ja doch vorher
  In die Burſchenſchaft noch gegangen."

Auslegung.

Wenn Einer nit den Jahren
  Sein Denken korrigirt,
Bekommt er zu erfahren,
  Wie nan das kommentirt.

„Er iſt gekauft, beſtochen
  Mit Titel, Stern und Geld,
Wir haden's gleich gerochen,
  O der Charakterheld!

„Seht den Erfolgsanbeter,
  Seht den Ischarioth,
Er ward an uns Verräther
  für Silberlingsgebot.

„Es leuchtet sonnenhelle
  Ja ganz von selber ein:
Des Abfalls innre Quelle
  Kann nur Gemeinheit sein." —

Nun, gute Interpreten,
  Denkt doch ein wenig nach,
Wie ihr da seid betreten
  Auf eurer eignen Schmach.

Beschließt ein Mann, zu retten
  Aus Irrsal die Vernunft,
Und macht sich los von Ketten
  Der Donquixotenzunft,

Und leget ihr als Sünde
  Ihm aus die klare That
Und rufet ohne Gründe:
  „Der schlechte Apostat!" —:

Die Deutung kann nur fließen
  Aus euren edlen Ich,
Dem eignen Selbst entsprießen
  Der krumme Schluß und Schlich.

Ihr sagt ja deutlich selder:
  Wir wären's nur in Stand
Um Gunst und goldne Kälder
  Und Adlerordensband.

Die du entdeckst, die Jauche,
  Naive Kreatur,
Konnt aus dem eignen Schlauche:
  „Schmutz riecht sich selber nur."

Doch wenn ich so betrachte,
  Wie wenig ihr euch kennt,
Mit welchem Unbedachte
  Ihr in die Falle rennt,

So kann es nich ergetzen,
  Das Wort, das Shakespeare spricht,
Auch so zu übersetzen:
  Schmutz riecht sich selber nicht.

———»«———

Rache.

Gedichte, Romane und Dramen
  Habt ihr mir zugeschifft,
Auch Manuskripte gar kamen
  In augenmordender Schrift.

Wenn schon der Kopf nir erkrachte,
  Von Arbeit überschneit,
Ein Jeder von euch sich dachte:
  Für nich ja doch hat er wohl Zeit.

Ich sollte das Zeug studiren,
   Wenn ich todesmüd schon war,
Dann einen Brief komponiren,
   Verleger noch suchen sogar.

Und zuletzt noch mußt' ich nich placken,
   Fluchend wie ein Pandur,
Stöße Papier zu verpacken
   Mit Sigellack und nit Schnur.

Jahrzehnte lang habt ihr's getrieben,
   Habt nich genartert, gezwickt,
Geschunden, zersägt, zerrieben,
   Zerklemmt und zerquetscht und erstickt.

Jetzt konn ich zu euch als Bruder,
   Doch als Rachengel zugleich!
Da habt ihr es nun, ihr Luder,
   Jetzt leset! Jetzt schinde ich euch!

Schnurren.

Lesart.

Ganz außer Maßen chriftlich war
  Ein fürft von Babylon,
Er mifchte aus Romantik gar
  Wein und Religion.

Er rief: bringt mir Champagner her
  Nebft Bibel, Lumpenpack!
Trank mehr als eine Flafche leer,
  Schnupft auch dazu Tabak.

Johannis Evangelium
  Schlägt er dann auf mit Schall,
Es geht in feinen Ohr noch um
  Der manchen Pfröpfe Knall.

Er wieget mit Gedankenfchwung
  Den rothgefoff'nen Kopf,
Dann liest er mit Befchwichtigung:
  Im Anfang war der Pfropf.

Spiritistisches Trinklied.

Es geht ein Geist im Keller um,
Komm, altes, treues Medium,
   Komm, edler Knabe Christian,
   Den Hahnen dreh', den Geist zieh' an!
      Zi, za, Geist zieh' an,
        Ja an!

Da schwebt er schon, da schwebt er schon!
Schweig', arge Welt, mit deinem Hohn!
   Wir liefern dir die Probe gleich:
   Es existirt ein Geisterreich,
      Gi, ga, Geisterreich,
        Ja Reich.

Was sagt der Geist, was sagt der Geist,
Der hier in Humpen schwimmt und kreist?
   „Erlöset mich, erlöset mich,
   O nehmt mich auf in euer Ich!"
      Je, ju, euer Ich,
        Ja Ich!

Habt ihr gehört? Er thut es kund!
Reicht her, reicht hin von Mund zu Mund!
   Laßt umegahn, laßt umegahn,
   Es soll vom Geist ein Jeder han!
      Ji, ja, Jeder han,
        Ja han!

Schon kehrt er in uns mächtig ein,
Schon schimmert lichter Geisterschein
  Aus allen Augen ringsunher
  Und alle Nasen glänzen sehr,
    Gli, gla, glänzen sehr,
      Ja sehr!

Das Grundgeheimniß aller Welt
Ist offenbarlich aufgehellt,
  Wir schauen ihn bis auf den Grund!
  Wie lautet es? Die Welt ist rund,
    Wi, wa, Welt ist rund,
      Ja rund!

Die Welt ist rund, die Welt ist Wurst,
Drum nacht sie uns auch so viel Durst!
  Die Welt ist Wurst, die Welt ist Tand;
  Trinkt euch empor in's Geisterland,
    Gi, ga, Geisterland,
      Ja Land!

Ich merk's, ihr fühlt des Geists Gewalt
Schon so, daß euch die Zunge lallt,
  Er gießt sich aus noch heutzutag
  Pfingstfeierlich in Zungenschlag,
    Zi, za, Zungenschlag,
      Ja Schlag!

Doch daß die Welt so wurst, so rund,
Das thun nir auch die Beine kund;

Daß nich des Weltalls Schickſal trifft,
Sagt ihre Pſychographenſchrift,
   Gri, gra, Graphenſchrift,
     Ja Schrift!

Und fällt als armer Erdenwiſch
Mein leiblich Weſen untern Tiſch,
   So hat in dem, was unten liegt,
   Ja doch allein der Geiſt geſiegt,
     Gi, ga, Geiſt geſiegt,
      Ja ſiegt!

Konn, Medium, konn, Chriſtian,
Und zieh' den Geiſt jetzt wieder an,
   Komm, zieh' nich untern Tiſch heraus
   Und führ' das Geiſtorgan nach Haus,
     Gi, ga, gan nach Haus,
      Ja Haus!

Komm, lege das Organ in's Bett,
Des ſchweren Leibes Lagerſtätt',
   Der Geiſt ſchwebt un ihn her und wacht
   Und ſieht den Schnarcher an und lacht,
     Schni, ſchna an und lacht,
      Ja lacht!

Ischias.

Heldengedicht in drei verkehrten Gesängen, einen lyrischen, einen
dramatischen und einen epischen.

Dritter Gesang.

Der ewigen Stube zu entflieh'n,
Schleppt' ich mich nach dem Parke hin,
Nach rechts auf meinen Stab gestemmt,
Denn ach! in linken Beine klemmt
Und zwickt und zerrt und zuckt und blitzt,
Gräbt wie mit Messern scharfgespitzt,
Multiplizirtem Zahnweh gleich;
Der Dämon aus den Höllenreich.
Wer ihn so schleichen sah, den Kranken,
Einen alten Spittelmann sah er wanken,
Die Menschengestalt verkrümmt, verbogen,
Verschrieben, verzeichnet, verkritzelt, verzogen.
Es wuchs mir die Pein von erzwungenen Gehen,
All vierzig Schritt mußt' ich stille stehen,
Damit ihr Wüthen nur etwas verbrause,
Das Stechen und Bohren nur etwas versause. —
Schon sprach in der Luft ein weicheres Regen,
Es gehe dem holden Mai entgegen,
Mir aber sprach in meinen Knochen
Noch nichts von des Jahres Honigwochen;
Acht Monde lang hatt' ich die Qual ertragen,
Zu hoffen mochte ich nicht mehr wagen.
Im Parke wußte ich eine Bank,
Auf welcher ein Mann, so lahm und krank,

Vor Winden und Menschenschwarm geborgen
Ausruhen nag von seinen Sorgen.
Es ist ein heinlicher, stiller Raun,
Die Vögel singen in Busch und Baun.
Es war ein Stück Arbeit, ihn zu erreichen;
Mit Hinken und Schlurken, nit Zögern und Schleichen
Bracht' ich es fertig. Da war ich. Und jetzt —
O weh! Mein Plätzchen find' ich besetzt:
Breit sitzt auf der Ruhebank ein Weib
Von völligen Gliedern, stattlichem Leid,
Rothbackig; die dunkeln Augensterne
Besagen nit munterbewegtem Blick,
Sie lebe gerne.
Ihr zur Seite lag ein Gestrick;
Sie hielt einen großen Beutel, — ich kannte
Die Form, die man früher Ridicül nannte —
Und griff nit rundlichen Fingern hinein
Und streute Futter den Vögelein;
Die flatterten rings von den Büschen auf
Und flogen herdei und kamen zu Hauf,
Alle in ihren feinen Monturen,
Aufschlägen, Litzen, Besätzen, Frisuren,
Und pickten und hackten nit Zirpsen und Schwatzen:
Die Maisen, die Finken, die Lerchen, die Spatzen,
Die Anner, die Amsel, die Drossel, der Staar,
Rothkehlchen und Ginpel, Zaunkönig und Zeisig;
Sie scheuten nicht, kannten keine Gesahr,
Gedrauchten alle den Schnabel fleißig,
Ja holten die Körnlein gar noch, schau!

Aus der Hand der guten, behaglichen Frau.
Sie pfiff dazu
In guter Ruh',
Nicht eben laut, doch frank und frei,
Eine lustige Walzermelodei.

    Eine Weile noch blieb ich stehen,
Das vergnügliche Spiel mir anzusehen,
Es machte mir Spaß; doch nicht zu verwinden
War der Verdruß, belagert zu finden
Mein stilles Asyl, nach dem ich so heiß
Gestrebt in meines Angesichts Schweiß;
Ich wandte mich um, mit saurem Verzichten
Den müden Schritt wieder hein zu richten.

    Da rief mir die Frau mit kräftigem Ton:
„Ei, warum geht der Herr denn davon?
Es ist Platz für Zwei, nicht an Raum gebricht's,
Komm' Er nur her, es geschieht Ihm nichts!"

    Ich wußte nicht recht, was sollt' ich machen?
Es war zum Aergern, es war zum Lachen,
Daß das Weib so dreist war, einfach zu meinen,
Ich dürfe in solcher Gesellschaft erscheinen
Vor der feinen Welt und ihren Klatsch,
Ihrem Gemunkel, Geflüster und Tratsch;
Sie gehörte ja doch — leicht war es erkannt —
Nicht eigentlich zu dem gebildeten Stand.
Doch ich war müd' und bedurfte der Ruh',
Und etwas Eigenes kam noch dazu:
Es schien mir doch Alles so sonderbar,
Daß mir ziemlich kurios zu Muthe war.

Gerade als nüßt' ich; kurz, ich kam.

Nicht leicht war der Akt, als Platz ich nahn:

Es fuhr mir wie inner in's linke Bein

Ein Stich wie von glühendem Dolche hinein,

Dabei entfuhr mir ein leises Au! —

„Bist krank, nein Alterchen?" sagte die Frau,

„Was fehlt dir, arme creatura,

Ist die natura

Dir nicht amica?"

„„Ich habe ischiadica antica,""

Sagte ich, stutzend ob dem Latein,

Das wie erwartend zun Rein lud ein.

„Dafür," erwiedert sie, „kann ich nichts,"

Doch mit Zügen des Angesichts

Und einen Ton, nicht so hell und frei,

Als ob sie ihrer ganz sicher sei.

Wie un zu verwischen das seltsame Wort,

fuhr sie nun schnell in der Rede fort:

„Hast gedoktert, nein Söhnchen, wie? Sag' an!

Was hast du denn Alles dagegen gethan?"

„„Zuerst, neine Beste, ward elektrisirt,

Mit dem konstanten Strom operirt —

Nur wenige Mal, ich hatte nicht Zeit,

Denn zu verreisen stand ich bereit.

Noch konnt' ich es wagen, der Schmerz war eben

Noch leidlich; ich dachte: es wird sich schon geben.

Ich verreiste. Stündlich wurde das Geh'n

Saurer. Ich kam nach Isar-Athen,

Dort gad mir ein guter Freund den Rath:

In's Moorbad sitze! Das ist prodat!
Zum Bahnhof hinkt' ich, es galt den Versuch.
Unter manchen stillen Seufzer und Fluch
Kam ich an und dehnte verdrossen dumpf
Die Glieder in klebrigen Schlamm und Sumpf,
Saß gähnend in schmutzigen Zuder, in schnöden;
Wie schlichen die Tage, die trüben, öden!
Und was half das Dulden und Harren? Nichts!
Da lies — des erhabenen Heldengedichts
Tief elegischen ersten Gesang!
Erschrick nur nicht, er ist nicht lang!""

––––––

Erster Gesang.

Im Moorbad.

Sieht man die Sau, den Büffel
Voll Schmutz an ganzen Rumpf
Mit Grunzen und Geschnüffel
Sich wälzen in dem Sumpf,

So hält man ohne Zweifel
Sich schnell die Nase zu
Und denkt: Hinweg! Pfui Teufel!
Wie ekelhaft bist du!

Doch können andre Tage
Und anders klingt das Lied,
Wenn eine Höllenplage
Uns durch die Glieder zieht,

Wenn in das Kreuz uns blitzet
Der wilde Hexenschuß,
In die Gelenke sitzet
Der gichtisch böse Fluß,

Wenn sich die Ischiadik
In unsre Hüfte schleicht
Und keiner Diplomatik
Der armen Heilkunst weicht.

Wenn also uns durchmürbet
Des grimmen Leidens Bolz,
Wie schwindet da und stirbet
Des Menschen spröder Stolz!

Mit anderen Gefühlen
Sieht man in dichten Dreck
Die Sau, den Büffel wühlen,
Man denkt: das Ding hat Zweck!

Käm' es nicht appetitlich
Den guten Thierlein vor,
Sie schnauften so gemüthlich
Und grunzten nicht in Moor.

Einmal auf dieser Fährte,
Entsinnt man sich geschwind:
Geschaffen ist aus Erde
Ja doch das Menschenkind!

Stammt also nach der Bibel
Der Mensch von Erdenklos,
So ist der Ruf nicht übel:
Zurück zun Erdenschoß!

Nach so viel harten Proben,
Die nichts als eitel Dunst,
Ist es ein Wink von oben:
Den Abschied gieb der Kunst!

Geh' hin! Entschlossen wende
Dich nun zur ächten Kur!
Der Dreck ist ja an Ende
Nichts anders, als Natur!

Die Bildung hat uns Allen
Des Siechthums Noth gebracht,
Drum lasse dir gefallen
Des Urstoffs alte Nacht!

Gefunden ist das Wahre!
Zun Henker die Arznei!
Entschließe dich und fahre
Keck in die Sauerei!

Tauch' in die klumpige Lauge,
Den dickzäh lehnigen Saft,
Aus Urwaldsmoder sauge
Des Erden=Centrums Kraft!

Wie fühlt sich in der Kufe
Der Mensch nun primitiv!
Die Schweins= und Büffelstufe,
Wie faßt er sie so tief!

Daß er nun dieß Verständniß
Des Thiergemüths besitzt,
Das nehrt ihn die Erkenntniß,
Wenn auch die Kur nichts nützt. — —

Von Moorschlammschmutz umschlungen,
Zu dichten: das ist Kunst!
Und ist es nicht gesungen,
So ist es doch gegrunzt.

————

(Fortsetzung des dritten Gesangs.)

„Schnell hatte sie das Papier durchflogen,
Wobei sie merklich den Mund verzogen,
Dann gab sie mir mit verächtlichem Blick
Mein Poem zurück.
„Soll ich etwa Gefallen han
An dem ranzigen, zähen ironischen Thran?
Miserables nuffiges Moordecoct!
Man sieht dich, wie du in Schlamm gehockt.
Bist du ein Freund der Jronie?"
„„Verzeihen Sie —""
So begann ich, wollte was Spitziges sagen,
Wie etwa: für solche Gewissensfragen

Sei es etwas zu früh.

Sie fiel mir in's Wort:

„Nur weiter, weiter! Fahre nur fort!"

„„Der Doctor auf meine Klagen sprach:

Mit elektrischem Eingriff helfen wir nach.

Und auf's Neue bot ich die Hüfte dar.

Thut eben auch nicht wohl fürwahr:

Es beißt, es prickelt, es fühlet sich

Wie Brennnesseljucken und Bienenstich.

Doch der Bienenstich war so wenig nutz,

Als in Zuber der Lein, der Papp, der Schmutz.

Ich sagte Adel von Alt und Jung

Freundlich vertröstet auf Nachwirkung,

Ich verließ, und nicht mit Segenswort,

Den ungnädigen Gnadenort

Und schleppte zur nahen Hauptstadt wieder

Die durchmoorten, durchtorften, durchharzten Glieder

Und hinkte herum

Halblahm und krumm

Und harrte. —

Die Hoffnung narrte.

Ursprünglich hatte ich hingewollt,

Wo die Mandeln blühen, der Tiber rollt,

Hinüber nach Süden, über den Inn,

Ueber den Brenner stand mein Sinn.

Doch: nein!

Sagte der Brenner im Bein.

So bin ich denn noch ein paar Wochen

Als armer Wurm dort herumgekrochen,

Hab' wieder geharrt und endlich gedacht:
Zeit ist es, daß nan ein Punktun nacht!
Und westwärts gieng es, zurück, nach Haus
Und die lustige Reise war aus.""

„Weiter," sprach sie, „nur weiter! Und?"
„„Ja, da war nun nein arner Huud —""
Sie hatte zu ihren „Weiter" gegähnt,
Kaum aber war der Huud erwähnt,
So wurde sie nunter und warf hinein:
„Was ist's für einer? Groß oder klein?"
„„Feinhaariger Affenpinscher, — grau,
Die Farde spielt sein hinüder in's Blau.""
„Muß nett sein, nöchte ihn wohl auch seh'n;
Nun, und der Pinscher? ich kann's versteh'n —"
„„In guter Pflege,
Doch dumpf und träge
War er drei Monde zu Haus gehockt,
In allen Säften versumpft, verstockt,
Mir sagte so rührend sein Salutiren,
Ich sollt' ihn auch wieder spazieren führen —""
„Recht, recht! Und darum noch eine Kur
Versuchtest du an der spröden Natur —
Nun, begreiflich an Eude, verzeihlich —"

„„Aber sehr langweilig.
Ich sollte nun Tag und Nacht nich plagen,
Einen Sack an linken Schenkel zu tragen:
Warn Wasser in Guttapercha-Behälter —
Unmöglich, beständig rutscht er, fällt er,

Wie nan ihn gurten nag und knüpfen,
Und will nicht erlauben, das Bein zu lüpfen.
Fluchend schmiß ich den Plunder in's Eck;
Wollte doch nicht laffen von Heilungszweck:
In's Wildbad schrieb ich und klagte
Dem dortigen Doctor und fragte,
Ob der warnen Quelle, der wunderreichen,
Nicht auch ifchiadifche Schmerzen weichen;
Ja, fchreibt der Doctor, kon n nur fchnell!
Und ich placke n ich hin, ich dun ner Gesell,
Denn von allen Neftern der Erde faft
Ift keins wie ein Badeort mir verhaßt.""

„Ja," fagte fie, „da haft du nun Recht!
Man follte wahrhaftig wohl bedenken,
Diefem thörichten Menfchengefchlecht
Eines Heilquells göttliches Gut zu fchenken.
Wie die Unfchuld rein
Aus Urgeftein
In Waldesnacht
Aus der Erde Schacht
Den Lebendigen allen zur Labe
Sprudelt die heilige Gabe.
Die Pofaune gellt
In die weite Welt,
Und fie kon n en in Schwärmen herangerumpelt,
In Kinderwägen, an Krücken gehun pelt,
Mit den Kranken Taufende ohne Schmerzen,
Doch vergiftet, verpeftet in innerften Herzen,

Die Praſſer, die Spieler, die Künſtler im Schwindel,
Das ganze moderne Kulturgeſindel,
Und zugleich nit den Gichten und Giften in Bein
Schleppt nan die Gifte der Bildung ein,
Der Genußſucht, der Geldgier fiebernde Qual
In's ſtille Thal. —
Nun, und wie gieng's in Badverließ,
Im vergiſteten Paradies?"
  „„Da lies!""
Und ich gad ihr den zweiten Hochgeſang
Mit ſeinen dramatiſchen Gang und Drang.

———

Zweiter Geſang.
Im Wildbad.
Bresthafter Menſch ſchläft uio träunt. Jhm erſcheint

Achilles:
Jch kon ne aus der Jlias
Und habe keine Jſchias.

Odyſſeus:
Jch kon ne aus der Odyſſee,
Die Hüfte thut nir gar nicht weh.

Sigfried:
Sigfried din ich, der deutſche Held,
Mein Fußgeſtell iſt wohlbeſtellt.

Karl der Große:
Jch din der König Karolus
Und hade keinen Hexenſchuß.

Bresthafter Mensch:

Jetzt hab' ich's genug! Himmelkreuzdonnerwetter! Helden
wollt ihr sein? Lümmel seid ihr! Wartet, flegel, ich schmeiß'
euch n eine Stiefel an den Kopf!

(Er greift unter die Bettlade, es auszuführen, schreit vor Schmerz auf und
erwacht. — Schläft nach einiger Zeit wieder ein. Träumt, er sitze in der
Quelle. Ihm erscheint)

Graf Eberhard in Bart:
(Da der bresthafte Mensch aufstehen will)
Bis unverzagt, nur ligen blib!
Von wunden ist wol krank din lib?

Bresthafter Mensch:
O, leider, nein! Ich sag' es frei,
Von vieler Sitz= und Schreiberei.

Graf Eberhard:
Wer bist du dan,
Du siecher Man?

Bresthafter Mensch:
Professor bin ich zubenannt
Und dien' in Württembergerland.

Graf Eberhard:
Stat wol uf miner hohen Schuol
Ze Tubingen din Lêrer-Stuol?

Bresthafter Mensch:
Die meisten, besten Lebensjahr
Mein Mühen ihr gewidmet war.

Graf Eberhard:

Daz hore ich mit vröuden an,
Diewil ich sie gestiftet han.

(Setzt sich in s Wasser.)

Sag' an, warum bist du so bleich,
Tuont dir so wehe dine Gleich?

Bresthafter Mensch:

Das wohl auch; nehr noch din ich wund
Vom Hohn aus alter Helden Mund,
Die stolz auf ihren starken Leid
Mein spotteten zum Zeitvertreib.

Graf Eberhard:

Sint liute, die es nit verstant,
Diewil sie nit studiret hant.
Min wunden sint zwar von dem swert,
Doch dine sint mir ouch geêrt.
Ruow uz in disem wazzerlin,
Sol dir wie mir gesegnet sin,
Ez ist ein brünnlin warm und mild
Gar frum für bresthaft menschenbild.

Plötzlich hört man Waffenlärm, Angstruf: „Die Schlegler kommen, stürmen schon zun Dorf herein!" Der bresthafte Mensch rafft sich auf, nimmt den Grafen auf die Schulter, trägt ihn keuchend ein Stück weit den nächsten Berg hinauf, bricht zusammen, nennt Graf Eberhard noch sagen zu hören:

Vergelt dir got die triuwe din,
Din hüftknoch sol geheilet sin!

Er erwacht an starken Schmerzen, besinnt sich, daß er den Grafen und Herzog Eberhard in Traun verwechselt hat und ruft: „Bei diesem Traun-schnitzer, was kann da der Segen helfen!"

(Fortſetzung und Ende des dritten Geſangs)

Sie ſchien auch daraus wenig zu nachen,
Nur ein bischen mußte ſie lachen.
„Das Altdeutſch mag ich, das hat noch Kraft
Und Leben und Mark und flüſſigen Saft,
Auf euer Neudeutſch ſeid nicht ſtolz,
Es iſt nur trocknes, geſägtes Holz.
Verglichen nit dem ironiſchen Thran
Geht das Ganze noch leidlich an,
Es iſt un ein gutes Bröſelein beſſer;
Uebrigens hat der Herr Profeſſer
Den Schnitzer von Grafen Eberhard
In verſpäteter Geiſtesgegenwart
Am Schluſſe vernäht nit Ach und Krach;
Es klappt nicht ganz, denn nan nerkt die Sach."

Bei dieſer Kritik neines Dichterwerks
Dachte ich: Donner! das Weib hat Nerks! —
„Profeſſer," ſprach ſie nit einen Ton,
Als habe ſie ohne das Blatt auch ſchon
Meine Condition entdeckt,
Und zwar ohne beſondern Reſpekt.

„Und für nichts wieder die ganze Schur?
Und es hieß: nach Hauſe, nach Hauſe nur?"

„„Es wiederholte ſich wie ein Rein
Und der Krüppel ſchleppte ſich wieder hein.
Ja ſchlimmer noch ſtand es, als zuvor,
Und doch fieng wieder ich Narr, ich Thor —""

„Wieder das Schmieren und Salben an?"

„„Nicht gleich. Es erschien auf dem Feldzugsplan
Mit seinen Kolben, Pinsel und Draht
Auf's Neu' der elektrische Apparat;
Drei Wochen, un konsequenter zu sein,
Durchknisterte man das störrische Bein. —
Umsonst. — Da dachte der menschliche Witz:
Man probire ein Mittel, weniger spitz,
Man durchknete nit starker männlicher Faust
Die Muskel, worin der Nervschmerz haust!
Und es kan der Kneter und waikte und strich,
Und als nach Wochen der Schmerz nicht wich,
Meint' er, zun Kneten
Fehle das Beten —
Doch statt das Beten nun zu probiren,
Ach, da begann ich das Mediziniren,
Da gieng's an's Verschreiben und Rezipiren!
Wohlan, so hieß es, jetzt wirkt nan von innen,
Das treidt den Satan von hinnen!
Jodkali, vorlängst schon angerathen,
Schien uns zu schwach für solche Thaten,
Schärfer dem Feind auf den Leib zu rucken,
Mußte ich Phosphorsäure schlucken,
Etlich Tropfen des Tags nahn ich wochenlang ein,
Doch nichts darnach fragte die Pein in Bein;
Mir schien es dereits, ich sollte auf Erden
Noch gar ein wandelndes Zündhölzchen werden.
Man beschloß, da auch dieß nichts wollte verfangen,
Episodisch nach dem Schmiertopf zu langen,

Nach Salben, Decocten aus beizendem Saft,
Aus Pflanzen, aus mineralischer Kraft,
Die man hoffte durch tüchtiges, emsiges Reiben
Bis hinein in das Mark des Nervs zu treiben:
Zuerst eine Mischung von Laudanum,
Coctum hyoscyami oleum
Und dazu als vermittelnden spiritus
Schmerzbannenden aether sulphuricus, —
Was aber, wie sehr es auch brannte und biß,
Auf Wirkung gemüthlich hoffen ließ.
Nun rieth mir ein guter Bekannter,
Ein Leidensverwandter:
Sicherer wirke da nichts und schneller,
Als Doctor Airy's Pain-Expeller,
Und ich schmiert' als duldendes Lämmelein
Den amerikanischen Schwindel ein,
Doch wie ich auch hantirte und rieb,
Der Teufel in Nerv mir sitzen blieb.

Jetzt tauchte mir auf eine alte Idee:
Es hatte mir droben am Bodensee
Noch in Herbst ein wackerer Doctorsmann
Als Mittel, das nothfalls heilen kann,
Gerathen in einen Colloquium
Kanthariden mit Collodium:
Man müsse mit einem dreiten Pinsel
Eine Art von langgestreckter Insel
Von der Hüfte über den Schenkel hin
Von dieser scharfen Latwerge ziehn;

Hat dieß den gehörigen Brand erzeugt,
So soll der Kranke sich ungebeugt
Einen zweiten solchen Streifen führen,
Und damit so lang continuiren,
Bis die ganze betreffende Hügelwelt
Nichts ist als ein einziges Wundenfeld.
Ich will es Euch, sprach er, nicht so enpfehlen,
Als sei auf das Mittel inner zu zählen,
Doch ein Fall bezengt, was es wirken kann:
Auf's Land hinaus rief nich ein kranker Mann;
Ich fand von der Ischias ihn gelähnt,
Kein Remedium hatte das Uebel gezähmt,
Er krümmte sich, ächzte vor Höllenqual
Und sehnte sich weg aus dem Jannerthal.
,Wollt Ihr das verzweifelte Mittel wagen?'
»»Nur her damit!«« rief er ohne Zagen.
Es geschah. Vier Wochen nicht ganz voll
Gehen in's Land. Ein Rädergeroll
Hör' ich und schaue zum Fenster hinaus,
Da hält ein Wagen vor neinen Haus.
Wer springt aus der Kutsche? Wer flink und behend
Die Stiegen herauf? Mein Patient.
»»Herr Doctor, da din ich! Bin frei und frank!
Und sag' Euch vieltausendmal Herzensdank!
Herr Doctor, nein Retter, ich bin genesen,
Aber eine Sankur ist es gewesen!«««

Die Frau erschrak in mindesten nicht
Vor des biederen Wortes Vollgewicht;

Sie schmunzelte, sie begann zu lachen,
Erst leise, dann in ner heller und heller,
In kollernden Rucken schneller und schneller —
Es war ein Ton, ein waldfrisch ächter,
Als hörte man wilder Tauden Gelächter.
Die Vögel, durch n ein Erscheinen scheue,
Gelockt von dem Ton erschienen auf's Neue.
Sie lachte und streute, streute und lachte,
Indessen ich schwere Skrupel n ir nachte,
Fortzuspinnen an faden Berichte
Meiner trübseligen Leidensgeschichte.

„Nur weiter!" sagte sie, „nach' nur fort."
„„Nun ja!"" versetz' ich, „„das gröbliche Wort,
Das der gediegene Landmann sprach,
Gieng doch wie ein grauses Gespenst n ir nach
Und ich wagte es nicht auf so grin ne Beschwerden.
Nun sollte doch aber gestiegen werden,
Gegriffen heroisch nach einen Unguent,
Das superlativisch beißt und brennt.
Man wählte das Oel aus Krotonkraut
Und verbrannte umsonst n ir die ar ne Haut."" —

„Und nun?
Was weiter thun?"
„„Nun versuchte n an wieder, von innen
Den Rettungsweg zu gewinnen.
Auf stieg der Gedanke kühn und groß:
Den Teufel durch Beelzebub zu vertreiden,
Muß n an Gift gegen Gift verschreiben,

Metallisches Gift aus der Berge Schoß
Gegen des Satans Geistergift!
Das muß wirken, wohlan, das trifft!
Und so nehn' ich denn jetzt mit Muth,
Hoffend, es thue gut,
In einem Löffelein
Per Tag sechs Tröpfelein
Arsenik ein. —""

    Stärker und stärker lachte das Weib,
Es schüttelte förmlich den rüstigen Leib
In Polterstößen, in rhythmischem Schwall,
Wie Trommelgedröhne, Trompetenschall,
Auf die Schenkel schlägt sie sich, daß es klatscht,
Ja in Lachrausch wird sie so frech und grob,
Daß sie jauchzend auch mir auf den Schenkel patscht,
— Den gesunden gottlob.

    Ueber der Schande
Stieg mir und brannte
Die flammende Röthe bis an's Ohr,
Bis zu des Stirnhaars Wurzeln empor;
Auf will ich fahren und zucke
Vor Schmerz bei dem mühsamen Rucke,
Und wie ich so schwebe, gestützt auf die Hand,
Halb Sitz, halb Stand,
Was muß ich sehen? Das schnöde Weib
Erdrosselt in Muthwill, zum Zeitvertreib,
Im Kitzel des Lachens, in frevelmuth
Der niedlichen Vögelein bettelnde Brut,

Nur so in der Geschwindigkeit
Ist Daumen und Zeigefinger bereit,
Wenn so ein Thierchen vertraulich pickt,
Und das tonreiche Hälschen ist geknickt;
Da lagen in Sande, es war zun Weinen,
Noch zuckend ein Theil, die armen Kleinen.

   Ich konnte nicht schweigen, in tiefsten Baß
Sag' ich: „„Pfui! so genein, wie graß!
So graß wie genein!““
Nicht länger bei dieser Person zu sein,
Versucht' ich auf's Neue, rasch aufzustehen,
Was leider so schnell nicht konnte geschehen.

   Sie erhob sich und pflanzte sich vor mich hin,
Wobei sie nir seltsam größer schien
Als zuvor. Ihr Auge brannte
Auf nir, nich bannte
Der Blick. In die Hüften die Fäuste gestemmt
Stand sie und ich, bestürzt, beklemmt,
Setzte nich wieder. Sie schwieg eine Weile,
Im Innern wohl sammelnd ihre Pfeile,
Dann that sie den Mund auf und begann:

   „Armselige Menschlein, Weib und Mann,
Stellet euch nicht so, thut nicht so!
Wir kennen es, euer Ach und O!
Lügner von Wirbel zur Zeh!
Da rufet ihr Au! Da rufet ihr Weh!
Wenn ein lustiges Vogelwesen
Aus der Grundkraft Hand sein Schicksal besährt!

Raffinirte Bestien, die ihr zehrt

Von der gebundenen,

Geschundenen,

Um ihr bischen Glück betrogenen,

Gefesselten, ausgesogenen,

Der überlisteten Kreatur! —

Empfindsam ist die Kultur,

Thränen der Rührung läßt sie fließen,

Um das Mitleid süß zu genießen, —

Ja, ja! Empfindsam und grausam zugleich:

So steht's in euren moralischen Reich! —

Ihr schwätzt von Naiven,

Vom Primitiven,

Und tritt es herein,

So heißt es gemein.

Naturwüchsig heißt euer Modewort,

Und kommt die Natur, so stoßt ihr sie fort!

Das Naive — kokett muß es sein,

Dann leuchtet's euch ein.

Theater wird Alles.

Die Stürze des Wasserfalles

Müßt ihr bengalisch euch illuminiren,

Die Natur erst schminken und auffrisiren,

Dann stehen und gaffen

Die Gecken und Affen

Und klatschen und rufen: da capo! Heraus!

Als säßen die Laffen in Schauspielhaus.

Einsam sein

Mit der Natur allein:

Mit der keuschen, wilden, es nacht euch Graus,
Einen Lebtag nützt ihr nachen daraus,
Zu Hunderten drängt ihr euch herum
In Fratzenkleidern frech und dünn
Um das feierlich stille Heiligthum
Und belügt einander im lauten Gewühl,
Ihr habet Gefühl,
Und wallet in Schwarm zun «hôtel» zurück,
Gespannt auf des Koches Meisterstück,
Die Pastete, des Tisch-«menu» Krone und Glanz,
Aus der Leder der krankgestopften Gans,
Denn eures Gefühles wahre Welt
Ist Magen und Geld.
Alles fälschet ihr, Milch, Brod, Wein
Und an Ende noch Wasser und Sonnenschein,
Ihr fälschet der Sprache goldenen Hort,
Verdrehet in Kerne das ehrliche Wort,
Ja selbst des Buchstabs bestimmter Laut,
Weil vor dem Klaren und Festen euch graut,
In seinen Bestande wird er gefälscht,
Von der schlüpfrigen, glitschigen Zunge verwälscht.»

Hier hemmt sie auf einmal der Rede Lauf;
„Halt!“ ruft sie, „gieb Acht, paff' auf!
Sag: Natur!“
Ich sagte: Natur.
„Sag: Humor!“
Ich sagte: Humor.
„Das laß dir gut sein,“

Lenkt sie nun ein,
„Hättest den R-Laut du gebrochen
Und Natua, Humoa gesprochen,
Wie nit den grog- und punschverschmorten
Zungen die Städter in euren Norden,
Sieh, Mensch, ich hätte dir, neiner Seele!
Zerdrückt wie den Vögeln die zwitschernde Kehle,
Du solltest auf grünen Lebensauen
Mich nie wieder schauen.
Und doch, das will ja noch wenig sagen;
Nach etwas Anderen laß uns fragen:
Beichte nir, sprich!
Nicht trüge nich!
Sag nir auf's Haar:
Bist du wahr?
Hast du nie den franken
Gedanken
Gefälscht, nit verlognen Worten gegleist,
Die Sünde gegen den heiligen Geist
Nie degangen? Den Mund auf, sprich!
Oder ich zwinge dich!"

Eigentlich wollte ich remonstriren,
Gegen die Drohung rebelliren,
Hätt' ihr auch gern es hingerieben,
Sie hade doch schrecklich übertrieben,
Allein in demselben Augenblick,
Da ich loszuschießen gedachte,
Spüre ich sachte

Ihre Hand geschoben an mein Genick
Und mir fiel ein, was im Franzenland
La toilette fatale ist benannt:
Der Henker tritt in's Gefängniß ein
Und führt dem Verbrecher sanft und fein
An den Nacken die Hand,
Zu fühlen, wie es bewandt
Mit den untern Haaren,
Ob das Messer bequemlich durch kann fahren,
Dann zieht er ein Scheerchen
Und schneidet die Härchen
Und verlangt kein douceur,
Der grause Friseur.

Nicht an den Locken, nur an Gewand,
Packte mich jetzt des Weibes Hand,
Am kummetähnlichen Kragen,
Wie wir nach der Mode ihn tragen.
Was soll es? schrei' ich entsetzt, —
Aber jetzt, o jetzt —
Sie beginnt mich zu heben,
Ich fühle mich schweben,
Wie an der Angel baumelt der Fisch,
Wie an Galgen als armer Wisch,
Als nichtiger Fetzen hängt in der Luft
Ein Mörder, ein Räuber, ein diebischer Schuft.
Nun geht es empor — wie macht sie's nur?
Sie war doch so groß nicht von Statur —
Höher und höher geht der Zug,

Der unerbetene bange Flug,
Bis hinan zur Höhe der Pappeln
Schweb' ich, was half nein Zappeln,
Mein wilder Fluch, nein wüthendes Schrei'n?
Ich beschloß, den Schicksal stille zu sein,
Nur Eins noch rief ich: „„Ich beichte nicht,
Ob zehennal auch das Genick nir bricht!""

„Konn, Alterchen, konn an den See!
Da beichte nir, oder weh!"

Es ist in dem Park ein Wasserbecken,
Tief genug, um den Lahmen zu schrecken,
Den hülflosen Mann,
Der schmerzenhalber nicht schwimmen kann.
Sie nacht Ernst, sie bewegt sich fort,
In wenig Minuten sind wir an Ort,
Sie streckt ihren Arm und hoch in der Luft
Schwebe ich über der nassen Gruft;
Ich hieng, den Rücken ihr zugewandt,
Sie dreht mich herum nit der Riesenhand
Und wie geblendet von magischem Licht
Schau' ich ihr jetzt in's Angesicht,
Schaue nieder
Neder die mächtigen Glieder
Und wieder herauf zu Kinn und Mund,
Auf die Stirn, in des Auges gewölbtes Rund — —

Das ist nicht nehr das vorige Weib
Mit dem dehäbig rundlichen Leib,

Athene Promachos glaub' ich zu seh'n,
Wie sie hoch auf der Burg zu Athen,
Die strenge, kalte Jungfrau, die hehre,
Mit gezücktem Schild, mit gezücktem Speere
Wachsam und furchtbar blickend stand,
Zu schützen ihr theures attisches Land,
Daß vor den ehernen Riesenbilde
Der Gothenkönig, der blutige, wilde,
Entsetzt zurückfuhr, als er hervor
Aus dem prächtigen Säulenthor,
Aus der Halle der Propyläen trat;
Eine Walkyre sei ihn genaht,
Mochte er meinen, oder mit Grauen
Glaubt' er die Mutter Hertha zu schauen,
Gegen dunkle Thursen der Urweltzeit
Die Erdenkinder zu decken bereit. —
Und wieder, wie ich so schrecklich nah'
In's große, weitoffene Auge sah,
Stand Eine vor mir, die höchste von allen,
Wie sie einst in Palasteshallen
Als Marmorgebilde vor mir stand
Und mir die Seele mit Ehrfurcht band:
Kronion's Gattin, an seiner Seite
Herrschend über des Weltalls Weite,
Ein Haupt von erschreckender Majestät,
Und doch von der Anmuth Flügel umweht.

So jagten wie Stürme in Einem Nu,
In kurzer Sekunden langen Lauf

Die Gedanken nir ab und zu;
Da thut sie die schwellenden Lippen auf
Und spricht in klangvoll tiefen Ton:
„Noch einmal frag' ich dich, Erdensohn:
Bist du inner wahr gewesen?"

    Am Ton, in den Augen konnt' ich ihr lesen:
Jetzt wird's Ernst. — Wie ein Hanner
Schlng es nir in des Herzens Kammer.
Ich stockte, noch inner sträubte sich doch
Der Trotz nir gegen das schmähliche Joch,
Aber er wich dem Schauer und Bangen,
Denn über die Stirn und die runden Wangen
Kam ihr ein grauer Schatten geflogen,
Ein böser, dämonischer Hanch gezogen,
Das ruhige Licht in großen, dunkeln
Sterne des Augs ward nächtliches Funkeln;
Die hohe Göttin war sie nicht nehr,
Gespenstisch schaute sie zu nir her —
Ihr kennet das schauerlich schöne Haupt,
Das man soeben versteinert glaubt
Und das uns selbst zu versteinern droht
Und das noch nitten im grausen Tod
Und neben der Bosheit zuckender Spur
Der Reiz gefallener edler Natur,
Der Adel der griechischen Forn umhaucht,
Den Beschauer in banges Entzücken taucht,
Das Haupt, aus dessen Lockenringeln
Die Nattern züngeln —

Ihr wißt, wie es starrt aus der Marmorwand:
Die Medusa Rondanini genannt.

In den Adern gefror n ein Blut,
Hin war auch der letzte Rest von Muth,
In der Todesangst, in bleichem Grans
Stottert' ich kläglichen Tons heraus:
„„Ach ja, ach ja, ich hab' oft gelogen,
Als Knabe den strengen Lehrer betrogen,
Das harte Gesetz umschlichen nit List
Als muthwilliger Seminarist.""

„Das will ich nicht wissen! Weiter in Text!"
„„So beicht' und bekenn' ich denn zunächst:
Wenn nich der schelmische Gott besessen,
Gott Amor, da hab' ich oft vergessen
Der Wahrhaftigkeit ernste Pflicht.
Gewissensskrupel nacht' es n ir nicht,
Gevattern, Müttern und Basen
Zu drehen wächserne Nasen,
Half bei so nanchen diebischen Schritt
Die Geliebte doch selber nit.""
„Nun ja, das weiß nan, die Heimlichkeit
Liebt Eros. Mach' fort! Nicht so lang und breit!"
„„In der Welt verdorbener, falscher Luft
Bin ich höflich gewesen nanchen Schuft,
Hab' Manchem: ergebenster Diener gesagt,
Dem eine Kugel ich lieber gejagt
Durch die freche Stirn
In's schlaue Hirn.

Hab' nauchen Brief unterschrieben:
In ganz vorzüglicher Hochachtung,
Und hätte doch lieber die Feder gewetzt,
An die Stelle des Hoch ein Ver gesetzt.""

„Das ist die Welt, ihre Forn und Art,
Worin ganz ächt sich Keiner bewahrt.
Springe nicht ab und deuge nicht aus,
Du glatte, schlüpfende Menschenmaus!
Du sollst nir sprechen, du weißt es,
Von Regionen des Geistes,
Von den Gedieten und den Stunden,
Wo man die Wahrheit unumwunden,
Ungeschminkt und nackt und scharf
Erwarten und verlangen darf."
„„Ach Gott, ach ja, ich hab' oft geränkelt,
Phrasen gedreht, nit Worten geplänkelt,
Einen dlauen Nebel oft vorgemacht,
Wenn ich sollte lehren
Und etwas erklären
Und hatt' es selber nicht klar gedacht.
Es nacht eben gar so schwül und heiß,
Wenn man etwas selber nicht weiß
Und soll es doch sagen rund, profund,
Als spräche der Weisheit Prophetenmund.""

„Das ist schon schlimmer,
Doch dieß auch noch in ner
Läßt sich verzeih'n.
Nein! Nein!

Wiſſen will ich, ob' du dem Wahren,
Wo du es ſelber nit klaren
Augen erkannt und wo nan es voll
Und ganz erwarten darf und ſoll,
Ob du da in deinem ganzen Leben
Der Wahrheit haſt die Ehre gegeben."

Bei den Worten ſpürte ich einen Ruck,
Von ihren Arm einen Druck und Zuck,
Er fuhr nir von Nacken durch alle Glieder,
In den Kopf hinauf, zu den Zehen nieder,
Auch krachten durch die Länge des Tragens
Bedenklich die Nähte des Kummetkragens, —
Was, wenn ſie nicht extra mich fallen ließ,
Mir den naſſen Tod ohnedas verhieß —
Doch wohl nir! Der Ruck gerieth nir zum Heil,
Er bewirkte ſein richtig Gegentheil.
Er rüttelte, ſchüttelte nich zurecht,
Ich ſagte zu nir: bin ich denn ſchlecht?
Auf die Ehre beſann ich nich
Und fragte nich: bin ich nicht ich?
Ich kan zu nir, faud nich, in nir den Mann
Und gelüftet war der erdrückende Bann.
Geſammelt blickt' ich nach oben, ·
Dann ſchaut' ich ihr ruhig in's Geſicht
Und ſagte gelaſſen: verlange nicht,
Daß ich nich ſelber ſolle loben.

Und wie ich das einfache Wort geſprochen,
Schien der böſe Geiſt in ihr gebrochen,

Freundlicher wurde der finstere Blick,
Die Röthe der Wangen kehrte zurück,
Die Falte des Zorns auf der Stirn verflog
Und die Winkel der vollen Lippen umzog
Ein Lächeln so sanft, wie ich selten es sah,
Ein stummes, zufriedengestelltes Ja.
Gleichzeitig glaubte ich zu entdecken,
Es weiche des Arms straffliniges Strecken,
Der eiserne, starre Zwang und Spann,
Sie zog nich rückwärts, sie begann
Mich niederzusenken auf's feste Land.
Zugleich auch sank sie selber, es schwand
Langsam, langsam ihr Riesenleib
Und sie wurde wieder das vorige Weib:
Dicklicht, auf Menschenart leibhaft, lebig,
Rothbackig, gemüthlich, bequen, behädig.
Und wie ich so eben an ihrer Seite
Zun Boden vollends herniedergleite,
Mein' ich zu spüren,
Daß unsre Hüften sich berühren,
Meine linke, die kranke, die leidende, arne,
Streift ihre rechte, die volle, die warne. —
Vom Nacken löste sich ihre Hand
Und auf den eigenen Füßen stand
Mit einen lauten, freudigen Ah!
Der Märtyrer endlich wieder da.

Obwohl nun eigentlich offenbar
Hier ganz und gar nichts zu danken war,

Wollte ich dennoch ein Dankeswort
Stammeln. Aber das Weib war fort.
In die Luft zerflossen?
Als Welle zergossen?
In's Gras, in's Laub, in der Stämme Schaft
Zerronnen als perlender, nährender Saft?
Gesunken hinab in der Erde Kern?
Gestiegen hinauf, zu strahlen als Stern?
Wer konnt' es wissen? Vor Staunen stumm
Schaut' ich noch eine Weile nich um
Und gieng
Und hieng
Noch in ner nach rechts, nich zu schonen beflissen,
Und meinte noch in ner hinken zu müssen
Und merke doch nach und nach — Wie? Was?
Es geht ja, glaub' ich, auch ohne das!
Und als ich zu Haus nun angekommen,
Wo ich sonst so mählich die Stieg' erklommen,
So sprang ich in federleichtem Lauf
Wie ein Jüngling die Treppen hinauf.
Mit Hüpfen begrüßte nich frohen Lauts
Mein Huud, der arme Gefangne, der Schnauz,
Der in ner so traurig sein Schwänzlein senkte,
Wenn ich zun Parke die Schritte lenkte:
Er wußte — es that in der Seel' ihn weh —,
Daß Hunde da haben kein Entrée.

Ich schellte — wie sonst nicht — stärker und schneller —,
Die Schaffnerin kam. „Geh', hol' aus dem Keller

Eine Flasche herauf vom Achajawein!
Ein feuriger muß es heute sein!"
Fragend sah sie mich an; zum Feste
War der Trank gespart für heitere Gäste.
„Geh' nur und hole mir unverweilt,
Ein Fest ist, denn wisse, ich bin geheilt!"

Sie lief und brachte,
Ich aber dachte,
Indem ich schlürfte das köstliche Naß:
Der Tag ist des Festtrunks werth vor allen,
Uebrigens ist es doch kein Spaß,
In die Hand der lebend'gen Natur zu fallen.

Dem Ende zu.

An meine Wanduhr.

Schwarzwaldtochter, gute, alte,
Gelt, wir kennen uns schon lange?
Haben redlich miteinander
In gesetzter Kameradschaft
Manches Jährchen ausgehalten,
Gute Zeiten, schlimme Zeiten
Haben wir verlebt zusammen.

Und die schlimmste war von allen,
Als es soweit kommen mußte,
Daß wir ordentliche Freunde
Unter uns beinah' zerfielen.
Damals war es, als du draußen
In dem Hausgang dunkel hiengest
Und ich deines Pendels Picken
fast nicht mehr ertragen konnte,
Weil die Stunden, die er zählte,
Stunden waren, wie Verdammte
In der Hölle Schlund sie zählen,
Damals, als ich nur mit Seufzern,
Schwer aus tiefer Brust geholten,

Ueber meine eigne Schwelle,
In des eignen Hauses Räume
Trat und als der Schritt zum Grade
Leichter mir denn Heimkehr däuchte.

Eines Tages aber glaubt' ich
Aus den schläfrigen Gepicke
Ein bekanntes, oft gelef'nes
Dichterwort herauszuhören,
Das da heißt: die Stunde rinnt auch
Durch den rauh'sten Tag. Von da an
Sind wir wieder Freunde worden,
Und nachdem der Tage rauh'ster
Von dem Pendel war durchschwungen,
Hab' ich dich verpackt, in andre
Lande dich mit mir genommen
Und von da an, gute Alte,
Sind wir nun allein beisammen,
In der Stube, nicht in Hausgang
Hängst du, mußt sie nicht mehr sehen,
Der zulieb man dich verdrängte,
Jene Standuhr, jene eitle,
Aufgeblasene Französin
Mit den schlenkrigen, geschweiften
Zierrath, der in Golde flunkert,
Mit dem Schäferknaben drüber,
Dem empfindsam widrig süßen.
Jenes wälsche Prunkgebilde
Haßt du immerdar, ich weiß es,

In der Seele Grund verachtet,
Und ich kann dir's nicht verargen.

Tik, Tak, Tak, Tik, Tik, Tak, Tak, Tik!
Und so weiter und so weiter.
Oft auch klingt's, als wären's Worte:
„Zeit ist Zeit und Zeit ist Zeit und
Nichts als Zeit" — O du gesunde
Trockenheit, du wasserklare
Nüchternheit! Beschwichtigender
Mohnsaft der gediegnen, guten
Langen Weile, der da wohnet
In den inner, inner gleichen
Brunnenrohrgeplauderartig
Steten Messingpendelgange!
Was ich dir verdanke, weißt du.
Wenn ich einmal je versäume —
Es geschieht, bezeug' es, selten —
Die Gewichte aufzuziehen,
Und du bleibst auf einmal stehen,
So erschreck' ich just als fiel' ich
Aus der Zeit und ihren Gleichfluß
In die Ewigkeit hinunter, —
Nicht die Ewigkeit des Himmels,
Nein, die Ewigkeit der Qualen,
In des Abgrunds Feuerofen,
Wo gluthaugige Dämonen,
Wo die Larven unsrer eignen
Menschenbrust entkettet hausen

Und sich selbst die Flammen schüren.
Ja, wie grausig geisterhafter
Lärm erscheint nir dann die Stille,
Wenn der Zeiten ich nuß denken,
Wo ich, deines Raths vergessend,
Takt zu halten, Takt zu halten,
In das Chaos, in die wilden
Rhythmuslosen Wirbel stürzte.

Ab und zu — ninn mir's nicht übel,
Meine gute, liebe Base! —
Hast du freilich auch Momente,
Wo der Eifer dich verleitet,
Eine Regel, die zun Takte
Doch auch billig wird gerechnet,
Vorschnell außer Acht zu lassen:
Wenn nan spricht und wenn nan nitten
Im Zusammenhang der Rede
Sich befindet und der Worte
Wichtigstes zu sagen ansetzt,
Fängst du an dich laut zu räuspern
Mit des Warntons Radgeschnurre
Und zerhaust nit deinem Schlage
Feinen Wortgewebes Faden.
Doch ich hab' nach kurzen Aerger,
Etwa einen derben Fluche
Dir's noch allenal verziehen,
Wohlerwägend, daß du eine
Frau bist und die Frauen alle

Doch nur äußerst ausnahmsweise
Warten können, bis der Andre,
Bis ihr Mitmensch ausgeredet; —
Welcher Punkt Geduld erfordert.

Hast auch Zeiten miterlebet,
Die in Staude schon gewesen,
Nerven selbst von Stahl und Messing
Aufzuregen, ja bisweilen
Wirklich aus den Takt zu bringen:
Zeit des Jahres acht und vierzig,
Als wir alle trunken waren,
Deutschen Parlamentes Wirren,
Niedergang der schönen Hoffnung,
Blinder Aufruhr, Sieg der alten
Ausgelebten traur'gen Mißform,
Die nan deutschen Bund benamste,
Und die Jahre, wo herunter
Eine Last von Blei sich senkte
Und auf's Neue das zerspaltne
Deutschland zum Gelächter wurde
Für die Völker aller Zonen.
Endlich regt sich's in den Lüften,
Ostseewogen hört nan rauschen,
Alte Sagen klingen wieder
Ferneher von Nordlandsrecken,
An den Fuß der Düpplerschanzen
Blitzt ein Wald von Bajonetten,
Stürnt hinan und holt sich droben

Die begrabne deutsche Ehre. —
Aber ach, bald ward es wieder
Schwül und dunkel und, ich weiß noch,
Eines Tages war's, als bebtest
Du in Fieber, unbegreiflich
Bliebst du dann auf einmal stehen
Und an Abend, blutumwittert,
Kam die Kunde von Sadowa. —
Doch wie anders, anders war es
Uns an einen andern Tage,
Sonnigen Septembermorgen,
O wie war es uns zu Muthe,
Als du eben zehn Uhr schlugest
Und ein Freund zu mir in's Zimmer
Kam gestürzt und mit Verwundern
Mich an Schreibtisch ruhig sitzend
Fand und rief: Bist taub geworden?
Hörst das Laufen nicht und Rufen,
Nicht den hellen Jubel draußen?
Auf dem Kirchplatz, auf dem Markte
Wechseln Chöre und Fanfaren,
Fahnen flattern von den Giebeln!
Eingekreist von unsrem Heere
Wie bei einen Kesseltreiben
Hat der wälsche Lügenkaiser
Ausgeliefert seinen Degen!
Deutschland lebt, ist auferstanden!

Aber nach den großen Zeiten
Kam es wieder trüb und trüber,

Wußte nicht, warum du so viel
Neigung spürest, nachzugehen,
Wie ich auch des Pendels Scheide
Sorglich aufwärts schieben mochte.
Sumpfluft wehte durch die Fenster,
Aufgebrodelt aus dem Schlamme,
Aus dem Pfuhl, worin die Seele
Unsers Volks, die angefaulte,
Von den Siegen dumpf berauschte,
Thierisch wühlend sich gebettet;
Und vergällt war uns der reine
Feuerwein des Hochgefühles
Und der vollen Purpurrose
Duft war hin, als wär' darüber
Eine Wanze hergekrochen,
Und zu Ekel ward die Freude. —

Wird es besser? Wollen's hoffen,
Wollen's glauben! Ach, wir werden
Die Genesung kaum erleben,
Denn vergiftete Gewissen
Brauchen Zeit, sich auszuheilen. —
Etwas heiser, gute Alte?
Ja so starker Wetterwechsel,
Auch der letzte harte Winter,
Neben dir der heiße Ofen,
Die Erhitzung, die Vertrocknung
Deines Lebensöls, darauf dann
Unausbleiblich die Verkältung —
Ich begreif' es und in deine

Katarrhalischen Gefühle
Kann ich nich verständnißinnig
Theilnahmvoll hineinversetzen.
Warte nur, wir werden sorgen,
Denn es wird ja bald von Schramberg
Wohl dein Landsmann wieder kon nen,
Weißt, der wackre Uhren-Jakob,
Der dich schon einmal kurirte,
Den du nehr als die gelehrten
Großstadtärzte liebst und achtest.

   Wie, du schnurrst? Du rasselst? Warnest?
Richtig, ja die mitternächt'ge
Stunde weiset schon der Zeiger,
Ueber unsrem Zwiegespräche
Ist sie nit den Geistertritten
Unbemerkt herangeschlichen.
Eins, zwei, drei, vier, fünf, sechs, sieden,
Achte, neune, zehne, eilfe —
Was? nicht weiter? eilf nur schlägst du?
So zerstreut? Ei, ei, was treibst du?
Das ist stark, das hätt' ich wirklich
Nicht von dir erwartet, Alte!
Hätte gute Lust, zur Strafe
Heute dich nicht aufzuziehen —

   Aber halt! Nein, nein! Ich ahne,
Es ist gut gemeint, du willst nir,
Wie in Spiel man etwa vorgibt,
Wie der Kaufnann einen Kinde

Etlich Feigen oder Mandeln
Zu der Waare in die Hand legt,
Wie das Schaltjahr einen Tag uns,
Einen übrigen vergönnet,
Willst nir so ein Stündchen schenken,
Zuwagstündchen, Gratisstündchen,
Unverhofftes Urlaubstündchen,
Prolongirung der Vakanzzeit,
Ausnahmsweisen Thorschluß=Aufschub.
Danke! Danke! Und ich will es
Mit Gemächlichkeit genießen!
Ja, wir wollen's miteinander
Noch ein Stündchen weiter treiben,
Wollen uns die dreingegebne
Spanne Zeit noch schmecken lassen
Und bein Thorschluß nicht erblassen.
Dir versprech' ich: eh' es schnarret,
Eh' die Angel ächzt und knarret,
Eh' in's Schloß die Flügel fallen,
Dich für deine langen, treuen,
Unverdroßnen, alten, neuen
Dienste werd' ich neben allen
Andern Freunden, guten, lieben,
Durch Vergessen nicht betrüden.
Vielmehr sogleich sitz' ich nieder,
Um nit festen Federzügen
Testamentlich zu verfügen,
Daß nach nir des Hanses Glieder
Immerdar dich sollen ehren

Und, wenn einst in späten Tagen
Deine Kräfte dir versagen,
Dir das Gnadenbrod gewähren;
Sollen nimmer dich den schnöden
Auswurfplunder, dem gemeinen
Alten Eisen zu vereinen
Sinn= und herzlos sich entblöden.

Oder halt! ein besfrer Wille!
In demselben Augenblicke,
Wo ich nicke, wo ich knicke,
Stelle man den Peudel stille!
Statt in Rumpelkammerwildniß
Sollst du an der Wand dort hangen
Bei dem Bild mit vollen Wangen,
Meinem alten Knabenbildniß.
Wird ein später Enkel deuten
Nach der stummen Uhr und fragen,
Was sie schweigend will besagen,
Mag der Vater, der die Zeiten
Kennt, und wär' es nur von Lesen,
Melden, was in Mannesjahren
Der dort Alles hat erfahren,
Wie es dazumal gewesen,
Was für Stunden ihn gezeiget
Und geschlagen hat in Leben
Einst die Schwarzwald=Uhr daneben.
Und der Enkel sinnt und schweiget.

Zu spät.

Sie haben dich fortgetragen,
Ich kann es dir nicht nehr sagen,
Wie oft ich bei Tag und Nacht
Dein gedacht,
Dein und was ich dir angethan
Auf dunkler Jugendbahn.
Ich habe gezaudert, versäumet,
Hab' in ner von Frist geträumet;
Ueber den Hügel der Wind nun weht:
Es ist zu spät.

Jugendthal.

Da bist du ja in Morgenstrahl,
Mein nie vergeßnes Jugendthal!
  Der Berge Kranz, die wunderblaue Quelle,
  Städtchen und Kloster, Alles ist zur Stelle.

Noch in ner steigt, gezackt und wild,
Empor seltsames Felsgebild,
  Burgtrümmer schauen über Höhlenschlünde
  Auf stillen Fluß und zarte Wiesengründe.

So oft hab' ich geträumt von dir:
Fast, liebes Thal, erschienst du mir
  Als Traum, als Märchen, alte, alte Sage
  Vom Morgenland, von jungen Erdentage.

Hier kennt mich keine Seele mehr,
Fremd seh'n die Leute nach mir her,
  Doch bring' ich mit, was Einsamkeit versüßet:
  Ein Völkchen, das mich kennt und das mich grüßet.

Laut reget sich ein Knabenschwarm,
Zu Zweien manche, Arm in Arm,
  Mit hellen Aug' und rosenrothen Wangen
  Dort aus dem Kloster kommen sie gegangen.

O Duft, o Kelch der Blüthezeit!
Der Jugend süße Trunkenheit!
  Die Liebe weint, der holde Muthwill sprühet,
  Die Seele singt, der goldne Himmel glühet.

Wo sind sie hin? Zersprengt, verweht,
Wie Gras des Feldes hingemäht!
  Nur wenige Greise sind noch übrig blieben,
  Zu zählen, wer noch lebt von all' den Lieben.

Du dort in der gedrängten Schaar,
Du mit dem weichen Lockenhaar,
  Dich kenn' ich näher, munterer Geselle,
  Ja, du bist ich auf meiner Jugend Schwelle.

Wie lachte ich das Leben an!
Wie sprang ich jauchzend in die Bahn!
  Wie arglos wohnte neben wilden Scherzen
  Gesunder Ernst in frischen, schlichten Herzen!

Fern leuchtet Rom und Griechenland
Durch die getheilte Nebelwand,
  Von Plato's Silberfittigen gehoben
  Schwebt fronn und stolz der junge Geist nach oben.

Wie Licht so hell, wie Schnee so rein,
Gelobt' ich, soll mein Leben sein!
  Was wußt' ich von des Weltgangs irren Pfaden!
  Da bin ich nun, und bin so schuldbeladen.

Nicht, daß es bleiern mich beschwert,
Ich kenne meines Lebens Werth,
  Ich weiß, wie ich gestrebet und gerungen
  Und was der sauren Arbeit ist gelungen.

Doch heute, wo herauf zum Wald
Das alte Klosterglöckchen schallt,
  Heut, wo ich aus so ungetheilter Nähe
  Dem frohen Knaben in die Augen sehe,

Der ich einst war, der so vertraut,
So schuldlos mir entgegenschaut,
  Heut weiß ich nichts von meinem Tagewerke,
  Hin thaut der Stolz, es benget sich die Stärke.

Zur Felsenhöhle wandl' ich hin —
Vor Zeiten träumt' ich oft darin —;
   Laß, alt Gestein, nich heut in neinen Thränen
   Ganz still an deine graue Wand mich lehnen.

Amselruf.

Bravo, bravo, lieber Sänger,
Daß ich nach so langen, trüben,
In der Stubenluft versess'nen,
Klanglos öden Wintermonden
Endlich einmal deine Stimme,
Endlich einmal wieder höre!

Inner gieng der volle, runde
Glockenton des Amselrufes
Ganz besonders mir zu Herzen.

Horch! jetzt klingt es tief elegisch,
Weich, in wenigen Accorden!
Waldes=Echo scheint sich diesem
Hälschen einverleibt zu haden,
Um aus seinen Klängen selber
Ohne Wald hervorzuhallen.
Horch, jetzt klingt es schalkhaft närrisch,
Schelmenpfiffe, Kichern, Schnalzen,
Tonscherz, schnaderhüpfelartig,
Unterbricht die langgezognen,
Tiefgeholten Sehnsuchtlaute.

Weiß schon, weiß schon, gutes Thierchen:
Willst dich melden, dich enpfehlen
Deiner künftigen Geliebten,
Deiner Cidly, deiner Fanny,
Wie sich Klopstock einst so zärtlich
Seiner nur erst vorgestellten
Auserwählten hat enpfohlen,
Die aus unbekannter Ferne
Doch auch ihn nicht minder innig
Schon in Voraus lieben mußte,
Wenn er in Alcäus' oder
Sappho's strengem Odenrhythmus
An sie hinsang und den Marmor
Der gemess'nen Form durchbebte
Mit der Wehmuth süßer Wonne.

Eigen aber ist mir heute
Bei dem Vogelgruß zu Muthe,
Anders klingt er in mir wieder,
Als in meinen jungen Tagen,
Summend muß ich ihn begleiten
Mit den Worten: und so darf ich,
Und so darf ich denn noch einmal,
Darf die mir so lieben Töne
Jedenfalls noch dießmal hören.

Mag man auch den Tod nicht fürchten,
Ach, es liegt ein trüder Schleier
Auf dem hellsten Frühlingstage,
Ach, es liegt ein trüber Dämpfer

Auf dem hellsten Vogelsange,
Wenn man weiß: nicht oft mehr werd' ich's
Sehen, darf's nicht oft mehr hören,
Ja, vielleicht ich seh' und hör' es
Diesesmal zun letztenmale.

Doch nein liebes Amselhähnchen,
Das du eben jetzt auf's Neue
Einen Jodler, einen Jauchzer
Hören lässest, wie die Bursche
Dort in Waldgebirg von Bregenz
Aus der starken Kehle Tiefen
In drei Tönen schwellen lassen,
Daß er fernhin wiederhalle, —
Glücklich sorgenfreies Wesen,
Das du offenbar nach meinen
Todgedanken gar nicht fragest,
Ich will gerne von dir lernen.
Du auch lebst wohl schwerlich länger,
Als von heut an ich noch lebe.
Doch was kümmert's dich? Dir ist es
Just so wohl bei deiner süßen
Sangesleistung, und die schwarze
Amselhenne, die in fernen
Busche schon verborgen lauschet,
Sie vernimmt dich just so gerne,
Und du weißt auch, daß das alte
Menschenkind, das horchend stehet,
Heute just so gern dich höret,

Als vor vielen tausend Jahren
Ein Aegypter, ein Assyrer,
Juder, Perser oder Meder
Oder Grieche oder Römer
Oder blonder deutscher Recke
Deinen Urur=Urur=Urur=
Urururvetter hörte,
Als vor vielen tausend Jahren
Eine schwarze Amselhenne,
Amselcidly, Amselfanny
Ihren künft'gen Klopstock hörte,
Als nach vielen tausend Jahren
Einst der Enkel jener alten
Völker oder auch ein Sprößling
Neuer, jetzt erst halbgeborner
Oder ungeborner Völker,
Als nach vielen tausend Jahren
Aus noch ungelegten Eiern
Ausgeschlüpfte Amselhennen
Deinen auch noch ungelegten
Zukunftvetter hören werden.

Woraus logisch für mich folget,
Daß man nach dem Vor= und Nachher,
Nach den tausend, tausend Jahren,
Nach dem: „vielleicht dießmal nur noch"
Ueberhaupt nicht fragen soll.

Und so hör' ich deine Weisen,
Höre diese weichen Klagen,

Diese Schelmenliederstückchen,
Trinke dieses Ohrenlabsal
Deiner Wasserorgelklänge
Just so froh, als hätt' ich ihnen
In der Urzeit schon gelauschet,
Just so froh, als ob ich in ner,
Immerdar sie hören dürfte.

Wer sich freuet, Jener oder
Dieser, wann sich Einer freuet
Und wie oft sich Einer freuet,
Bleibt sich völlig gleich; es freut sich
Eben jedesmal ein Jemand,
Und der Jemand bin für dießmal
Eben ich und darf nich freuen.
Ewigkeit besteht ja doch nur
Lediglich aus Augenblicken,
Schlägt in einen dieser vielen
Augenblicke denn ein heller
Amselruf herein, warum doch
Sollt' ich um die vielen andern
Augenblicke da nich gränen,
Wo ich nicht nehr bin und Andre
Dieses Wohllauts sich erfreuen,
Warum nich beschämen lassen
Von der heitern Vogelseele,
Die den Augenblick so lieblich
Füllet, formt und färbt und fesselt?

Horch! es jauchzt und klaget wieder
Süß und innig! Horch, es trillert

Schelmisch wieder! Ei, das Thierchen
Mag sich wohl darob auch freuen,
Daß ich seine weise Lehre
Nun so gut verstanden habe.

Nett wär's innerhin, gesteh' ich,
Wenn vor meinen letzten Hauche
Ich's noch einmal hören dürfte,
Diesen Ton noch einmal schlürfen.
Hört' ich ihn dann leiser, leiser,
Wie aus blauer Bergeshalde,
Wie bei Nacht in tiefen Walde,
Ganz verhallend, ganz von ferne:
Noch einmal so leicht und gerne
Würd' ich, von so manchen Wegen
Müde, dann auf's Ohr mich legen.

Am See.

Wo ist er denn?
Im Gras, in Klee
Sitzt er an See,
Am stillen See;
Die Welle regt gelind
Ein leiser Wind.

Was thut er denn?
Dort drüben, schau'!
Taucht rein und blau,
Silbern und blau
Hoch aus der Wolken Flor
Gebirg empor.

Dort blickt er hin.
Er gedenkt der Zeit,
Der gewesenen Zeit,
Da hoch und weit
Ihn trug über Berg und Thal
Der Sehnen Stahl.

Ob milder Tag,
Ob Sturmeswuth,
Sturzregenfluth,
Ob Sonnengluth,
Ob glatt, ob rauh die Bahn,
Vorwärts, hinan!

Der Wildbach bricht,
Daß der Fels erkracht,
Nieder mit Macht
In der Schlünde Nacht,
Aufschrickt der Wiederhall
Vom Donnerschall.

Mit festem Schritt
Vorbei an Tod,
Den der Abgrund droht,
Am jähen Tod,
Den schmalen Steg entlang
Geht's ohne Bang.

So frisch, so leicht
In Wanderlust
Athmet die Brust,
Die freie Brust!
Bei Hirten ladt in Thal
Das schlichte Mahl.

Was möcht' er denn?
Er möcht' auch heut
Wie in alter Zeit
Fortwandern weit,
Weit von der Städte Qualn
Zur luft'gen Alm.

Er hat's versucht.
Hinweggerafft
Fand er die Kraft,
Die unerschlafft
Bis über siebzig Jahr
Geblieben war.

Wie wird ihn denn?
Die Sonne sinkt,
Wird Purpur und sinkt,
Die Welle trinkt
Aufzitternd den goldnen Schein,
Den Feuerwein.

Der Himmel flammt,
Berghäupter glüh'n,
Lichtfunken sprüh'n
In des Schilfes Grün,
Es erröthet in Weidenbau
Das kühle Grau.

Ein Ruck, und hinab
Ist sie getaucht,
Ueber's Wasser haucht,
Flüstert und haucht
Wie ein Erinnern lind
Ein leiser Wind.

Geschichten und Sagen.

———

Ein Fang,

oder. Was sich dei Kannstatt am Neckar in Jahr 1796 zwischen einen kleinen
französischen Schützen und einen österreichischen Reiter deckeder.

Bei Kannstatt an der Brucken
Da war das Schießen groß,
Als aufeinander stießen
Oestreicher und Franzos.

Haubitzen und Granaten
Brunnten den Baß nit Macht
Und das Musketenfeuer
Dazwischen klatscht und kracht.

Bei den Franzosen drüden
Ein kleiner Schütze war,
Der zielte wie ein Falke,
Er fehlte nicht ein Haar.

Er schoß, er lud, er spannte,
Legt' an und drückt' und traf,
Und nancher von den Feinden
Sank in den Todesschlaf.

Ein kaiserlicher Reiter,
Der nahn ihn recht auf's Korn:
„Manndl, dich nuß ich kriegen!"
Dacht' er in stillem Zorn.

Am Abend ward es stille,
Das Schießen hörte auf,
Da nahn das kleine Schützlein
Zun Neckar seinen Lauf.

Es putzte seine Flinte
Dort an dem Wasser klar,
Dieweil sie von dem Schießen
Gar sehr verrußet war.

Der Reiter nicht verdrossen
Erspäht es auf der Stell',
Sagt's keinen Kameraden,
Setzt sich zu Pferde schnell.

Er ritt an Fluß hinunter,
Kan an einen Ort allda,
Wo er konnt' übersetzen,
Daß es der Feind nicht sah.

Wie er herübergeſchwommen,
Kam er ganz leiſ' heran,
Wie eine Katze ſchleichet,
Die eine Maus will fah'n.

Das Schützlein ſtand gebücket,
Nur auf ſein' Arbeit ſicht,
Es putzt an ſeiner Flinte,
Und putzt und merkt es nicht.

Der Reiter ſtieg von Pferde,
Schlich an des Uſers Rand,
Das Schützlein nahn er an Kragen
Mit ſeiner ſchweren Hand.

Es ſchreit, es flucht, es zappelt,
Der Schrecken, der war groß;
Hat Alles nichts geholfen,
Er zog es auf ſein Roß.

Hielt es allda recht feſte,
Reit't fort, ſo ſchnell er kann,
Setzt wieder üder's Waſſer,
Konnt wohldehalten an.

Er nahn das Schützlein kleine
Daſelbſt in ſein Quartier,
Gab ihm für ſeinen Schrecken
Von ſeinen Wein und Bier.

Das Banket.

Die Diener eilen hin und her,
  Sie tragen auf zum Feste,
Die Tafel prangt von Silber schwer,
  Wo bleiben nur die Gäste?

Und eh' ich wart' in Ewigkeit,
  Schreit wild der Herr von Hause,
So seien alle Teufel heut
  Geladen zu den Schmause!

Da glänzt in Hofe Fackelschein,
  Da scharrt es auf dem Gange,
Geputzte Herren treten ein
  Mit hellen Sporenklange.

Willkomm, ihr Herrn, so spricht der Graf,
  Lang seid ihr ausgeblieben,
Nun aber sei nit Trinken drav
  Und Schmaus die Zeit vertrieden!

Die Gäste nicken wunderlich
  Mit schmunzelndem Gesichte,
Sie räuspern sich, verdeugen sich
  Im Kerzenflimmerlichte.

Des Grafen Knie sein Kind umflicht,
　　Hängt sich an ihn nit Bangen:
„Ach, siehst du denn die Krallen nicht,
　　Die spitzigen, die langen?"

Der Graf nach ihren Fingern sieht —
　　„Hilf, Herr, in Himmel droben!"
Graf, Gräfin und Gesinde flieht,
　　Wie Spreu in Wind zerstoben.

Im Saal erschallt ein Jubelschrei,
　　Sie setzen sich zum Schmause,
Es quackt, es schnarrt: „Juchhei! Juchhei!
　　Nun sind wir Herrn in Hause!"

Wie tobt das wilde Höllenpack
　　Mit Springen und nit Singen!
Die Fidel kreischt, der Dudelsack,
　　Man hört die Gläser klingen.

Sie füllen sich den Höllenbauch,
　　Sie grunzen, bellen, nanen,
Man sah sie aus den Fenstern auch
　　Mit langen Rüsseln schauen.

Die Gräfin lauschet in die Höh',
　　Es gellt ihr in die Ohren,
Sie sieht unher: „O weh, o weh!
　　Mein Kind, mein Kind verloren!

Vergessen blieb n ein arnes Kind
    Dort oben in dem Saale!"
Ein treuer Diener läuft geschwind
    Hinauf zum Teufelsmahle.

Er höret auf der Treppe schon
    Ein Näseln und ein Meckern,
Sie treiben nit dem Kinde Hohn,
    Sie schnäbeln und sie schäkern.

Der Eine reicht's den Andern dar,
    Es auf den Arm zu schaukeln,
Sie zupfen es an blonden Haar,
    Sie tänzeln und sie gaukeln.

Der Diener ohne Furcht und Schreck
    Steht nitten in dem Schwarme,
Ergreift das Kind und reißt es keck
    Aus eines Teufels Arme.

Gieb her das Kind, so schreit er laut,
    In Jesu Christi Nanen!
Das Kindlein nunter um sich schaut
    Und leise sagt es: Amen!

Von oben glänzt ein heller Strahl,
    Die Gäste sind verschwunden,
Der Diener steht in leeren Saal,
    Den Arm un's Kind gewunden.

Herr Olaf.

Herr Olaf reitet in weichen Sand,
Im Wellenschaum an Meeresstrand.
    Merk' auf, Herr Olaf!

Die Woge spritzet, die Woge rauscht.
Was klingt dazwischen? Herr Olaf lauscht.
    Merk' auf, Herr Olaf!

„Komm', Olaf, zu mir, komm', steige von Roß!
Komm' zu mir herab in mein grünes Schloß!"
    Merk' auf, Herr Olaf!

Es singet so süß, es locket so laut,
Er vergißt zu Hause die treue Braut.
    Merk' auf, Herr Olaf!

Er sprengt seinen Rappen in's Meer hinein,
Die Sonne geht unter in rothen Schein.
    Merk' auf, Herr Olaf!

Und heller und heller das Meerweib singt
Und süßer und süßer die Stimne klingt.
    Merk' auf, Herr Olaf!

„Laß fahren die Welt, laß fahren den Schwarm,
Laß dich küssen und wiegen in meinem Arm!"
    Merk' auf, Herr Olaf!

Was sieht er in Strudel? Ein Augenpaar,
Eine schimmernde Brust, blond Lockenhaar.
  Merk' auf, Herr Olaf!

Und er spornt seinen Rappen, der wirft ihn ab
Und er sinkt hinunter in's feuchte Grab.
  Merk' auf, Herr Olaf!

Schön Ramild schaut zun Fenster heraus,
Ein nasser Rappe steht vor den Haus.
  Merk' auf, Herr Olaf!

O Rappe, o Rappe, dein Sattel ist leer,
Sag' an, was bringst du für traurige Mähr'?
  Merk' auf, Herr Olaf!

„Dein Liebster ist hin, daß Gott sich erbarm',
Ihn wieget die Nixe in schneeweißen Arm!"
  Merk' auf, Herr Olaf!

„Bei den Fischen wohnt er in tiefen Meer,
Die Sonne siehet er nin nernehr."
  Merk' auf, Herr Olaf!

Gwyon und Taliesin.

(Keltisch. Vergl. „Auch Einer“ Bd. I, S. 134—136 und S. 278—281.)

Gwyon, dieser kleine Tropf —
    Was thut der?
Hat geschleckt von Zaubertopf.
    Wer kommt her?
Kommt herbei, o weh! o weh!
Coridwen, die starke Fee!

Gwyon, dieses Zwergelein,
    Was wird er?
Wird ein flinkes Häsulein.
    Wer kommt her?
Coridwen als Hündin schnell
Will zerzausen ihn das Fell.

Daß sie ihn nicht packt an Wisch,
    Was thut er?
Gwyon wird in Nu ein Fisch.
    Wer kommt her?
Coridwen als Otterthier
Jagt ihn und erhascht ihn schier.

Gwyon, Gwyon, jetzt sei flink!
    Was thut er?
Er wird flugs ein Distelfink.

Wer kommt her?
Coridwen stößt auf den Schalk
Gleich herab als Finkenfalk.

Zu entflieh'n des Falken Zorn,
   Was thut er?
Er wird rasch ein Waizenkorn.
   Wer kommt her?
Coridwen wird eine Henn'
Und verschluckt ihn, Coridwen.

———

Das Korn hat gegoren
   Im heiligen Leid,
Da hat sie geboren,
   Das Wunderweib,
Die Strahlenstirne, den Taliesin,
Der da schauet allen geheinen Sinn,
Der da blicket hinaus in die Ewigkeit,
Der da ist und war in aller Zeit,
Der Druiden Vater und Geisterhaupt.
Selig, wer an Taliesin glaubt,
Doch zurück zun Zwergengeschlechte kehrt,
Wer ihn nicht glaubet und ihn nicht ehrt.

Das Kreuz am Inn.

Am Innstrom giengen wir dahin
Und sahen die breiten Wogen zieh'u.

Ein einsam Kreuz gewahrt' ich da
Jenseits in Feld, dem Ufer nah.

Dran hieng, ich sah's in Sonnenglanz,
Entblättert fast ein dunkler Kranz.

Was will das Kreuz an fernen Ort?
Besagt es Unfall oder Mord?

„Wär' heut der rechte Tag in Jahr,
Du säh'st ein Bild, das spräche klar.

Ein altes Weiblein sähest du,
Es strebt von Dorf der Stätte zu,

Schwarz angethan von Kopf zu Fuß,
Mit einen Kranz als Todtengruß,

Die rechte Hand an Krückenstab,
Gelangt sie mühsam an dieß Grad,

Kniet nieder, hängt den Blätterkreis
An's Kreuz und detet lang und heiß,

Und weint und weint und wellet lang
Und nacht zurück den schweren Gang.

Sie war in Dorf die schönste Maid
Und manches Freiers Herzeleid,

Im Landlertanz als Königin
Gefeiert auf und ab an Inn,

Rasch, wacker, frisch an Seel' und Leid,
Man weiß noch heut: ein prächtig Weib.

Da brach in's Innthal der Franzos,
Da gieng an Stron das Schlagen los.

Und eines Tags in schmucken Reih'n
Marschiren Kaiserjäger ein,

Dem Zug voran ein junges Blut,
Das grüne Reis an Jägerhut,

Zwei Ehrenzeichen auf der Brust,
Der ganzen Mannschaft Stolz und Lust,

Ein Schütze, wie man keinen sah,
Wo die Gefahr kan, war er da,

Sein Feuerblick, sein Feuerwort
Rieß selbst den Bebenden nit fort,

Doch vatergleich, so jung er war,
Sorgt er für seine kleine Schaar.

Und wie ihn kaum die Maid geseh'n,
Da war es um ihr Herz gescheh'n.

Und wie er kaum die Maid geseh'n,
Da war es un sein Herz gescheh'n.

Den Abend und die nächste Nacht
Ward in dem Dorfe Halt gemacht,

Fürbaß in's Feld, vielleicht zum Tod,
Gieng's schon an nächsten Morgenroth.

Wie leicht in Krieges Sturn und Drang
Wird Sturmschritt auch der Liebe Gang!

Als kennten sie sich manches Jahr,
Eilt Herz an Herz das junge Paar,

Tauscht Kuß un Kuß, verträumt die Zeit,
Vergißt, daß wohl der Feind nicht weit.

„Horch! Hörst du nicht ein Hornsignal?"
„„O nein, es war der Hirt in Thal.""

Er glaubt es nicht und glaubt es doch
Und bleibt und weilt in Hinnel noch.

Da knallt ein Schuß und noch ein Schuß.
„Fort! Auf! Noch einen letzten Kuß!"

„Den Stutzen her!" und aus dem Haus
Stürnt er hinein in Nacht und Grans.

Links, rechts enpfängt ihn Knall auf Knall —
Es war ein jäher Ueberfall.

Die Jäger sind zurückgedrängt,
Die letzten mit dem Feind verengt.

Zum Laden reicht die Zeit nicht mehr,
Den Kolben schwingt er um sich her.

Er wehrt sich wie ein grimmer Leu,
Der Schwall vermehrt sich immer neu.

Sie sieht's noch einen Augenblick,
Dann drängt die Noth auch ihn zurück.

Sie hört, sie horcht, zum Stromesbord
Bewegt die wilde Jagd sich fort.

Fern tönt und ferner nun der Schall,
Stumm wird der Berge Wiederhall.

Man suchte sie an frühen Tag
Und fand sie, wo der Todte lag.

Auf seine Leiche hingestreckt
Ward sie zum Leben schwer geweckt.

Dort war es, sieh noch einmal hin,
Dort lag er, dort begrub man ihn.

Ob's regnen, stürmen, schneien mag,
Nie fehlt der Kranz am Todestag."

Ein Augenblick.

Um die alte Stadt auf der Promenade,
Dem bequemen, beliebten Pfade,
Den die Platanen beschatten und zieren,
Gieng ich an Sommerabend spazieren.
Ein Sonntag war's und ein Sonnentag,
Es wandelten Leute von allerhand Schlag,
Festlich geputzt, und alle dem Volke
Stand auf dem Gesicht keine einzige Wolke.

Da kam mir im goldenen Abendschein
Entgegen ein Kinderwägelein,
Ein nett geflochtnes, auf leichten Rädchen,
Es zog ein sauberes Ulmermädchen.
Mein Blick fiel just in's Gefährt hinein,
Da lag ein Knabe gebettet sein,
Kaum jährig etwa, sein Angesicht
Umwob ein Schimmer von Rosenlicht,
Als ruht' er in einen Rosenhag,
Denn in den Schatten, worin er lag,
Fiel erhellend ein Widerschein
Vom farbigen Obdach 'im Wägelein,
Auch kam von außen der Glanz ergossen,
Denn ganz mit Licht war die Luft durchschossen;
Ja von Kind auch schien es mir auszugehen,
Denn ein schöneres hab' ich noch nie gesehen;

Man glaubte Herz und Auge zu laben
An einen von Raphael's Engelknaben,
Es schwamm wie ein Bild in erleuchteten Raum,
Wie ein Feenkind, wie ein seltener Traum.

Stillbeglückt sah es vor sich hinaus
In seinen fahrenden kleinen Haus,
In seiner Welt ein kleiner König,
Lächelte auch dazu ein wenig,
Als schwebten ihn an der Zukunft Thor
Schon die allerhand lustigen Streiche vor,
Die man verübt in den Tagen der Jugend,
Welche — nan weiß ja — nicht hat viel Tugend;
Er schaute so hell aus den dunkeln Augen,
Als möcht' er nicht in ner gar zu viel taugen.

Ich sah ihn an, ich blinzte und nickte,
Schmunzelnd. Der reizende Knabe blickte
Mich an und blinzte, schmunzelte, nickte.
Gelt du, es ist eben gar was Gutes
Um's Existiren, schmecken thut es?
Und ein disl Spitzbüberei
Ist eben in ner auch dabei?

Er hat es nir richtig in Auge gelesen,
Der Schelm, das kleine, kaun ahnende Wesen,
Er hat es verstanden und hat es bejaht,
Der liebliche Lebenskandidat.

Ich hätt' ihn nögen vor lauter Entzücken
Aus den Polstern heden, verküssen, verdrücken,

Doch ich sagte mir: laß es lieber gehen,
Es soll so bleiben wie es geschehen,
Es soll bleiben ein Augenblick.

Fürbaß gieng ich, sah nicht zurück.
Ein alter Bekannter begegnete mir,
Er stellte mich, fragte: was ist's mit dir?
Es strahlt ja ordentlich dein Gesicht,
So heiter sah ich dich lange nicht;
Wart', ich merk's schon, du kommst von Wein!
Ein guter muß es gewesen sein!
Ja, sagt' ich, er war nicht eben schlecht,
Noch Most, aber Ausstich, feurig und echt.

Ein Kameradenfest.

Etlich und zwanzig Kameraden
  Begiengen ein heitres Fest,
Sie hatten einander geladen
  Von Süden, Nord, Ost und West.

Sie gedachten der Klosterhallen
  Im grünen, felsigen Thal,
Sie sahen sich wieder wallen
  In der Jugend Morgenstrahl.

Schon Manchem hatte die Locken
  Des Lebens Winter geraubt,
Schon Manchem die weißen Flocken
  Geschüttelt auf's ernste Haupt.

Die vergangenen Scherze wieder
   Brachten sie auf den Plan,
Sie sangen die alten Lieder
   Von Follen, von Arndt und Jahn.

Und einer der alten Knaben
   Zog ein Gedicht hervor
Und las es und wußte zu laben,
   Zu rühren den ganzen Chor.

Von allen Seiten sprangen
   Die lobenden Zecher zu Hauf:
„Bravo!“ Die Gläser klangen,
   Man ließ ihn leben — „wohlauf!“

Dankend erhebt der Dichter
   Sein Glas mit freudigem Schwung,
Die Augen glänzen ihm lichter,
   Als wäre er wieder jung.

Und wie ihn der Kelch soeben
   In der Hand noch erklingt und blinkt, —
„Hoch!“ rief er, „die Jugend soll leben!“ —
   Da bricht er zusammen und sinkt.

Noch jubelte, trank und lachte
   Abseits mancher heitrer Gesell,
Der nicht an Schreckliches dachte, —
   Es kam wie ein Blitz so schnell.

Er liegt uns zuckend in Arne,
   Noch sind seine Wangen roth,
Doch das Leben entflieht, das warne,
   Er röchelt, verblaßt, ist todt.

Er war der schönste gewesen
   In der blühenden Jugendschaar
Und in Antlitz war ihn zu lesen:
   Verständig und schlicht und wahr.

Sah man ihn ringen und springen
   Im rüstigen Wettverein,
Die schlanken Glieder ihn schwingen,
   Man glaubte in Sparta zu sein. —

Auf Kissen legt nan ihn nieder,
   Man drückt ihn die Augen zu,
Rings stehen die stummen Brüder;
   Da liegt er in sanfter Ruh.

Es schwinden von Stirn und Munde
   Die Spuren von Qual und Krampf,
Keine Furche gibt noch Kunde
   Vom stürmischen Todeskampf.

Lächelnd scheint er zu sagen:
   Nichts weiß ich von eurem Schmerz,
Und wer da noch wollte klagen,
   Der zeigte kein männlich Herz.

Marathon.

Stumpf hieng ich in Sattel, ein leises Fieber,
Frucht der Ritte, der tagelangen
Auf glühendem Fels, in feuchtschwülem Sumpfthal,
Rieselte durch die Glieder.
Weit voraus schon waren die Andern,
Der Reisegenoß und der dienende Führer.
Was nich ungad, ich sah es kaum,
Sah es nit Augen ohne Gedanken.
    Auf einmal wiehert nein Pferd
Nach den entfernten Stallkameraden.

    Aufschrak ich.
„Allnächtlich verni n n t man
Auf dem Schlachtfeld von Marathon
Rossegewieher und Kampfgetöse" —
Das alte Wort des sagenkundigen,
Gläubigen Griechen, das ich vor Jahren
Hatte gelesen und bald vergessen,
Fuhr wie ein Blitz in die Seele nir.
Ferne sah ich den Hügel jetzt,
Des Denkmals rührenden Erdenrest,
Das die gefallnen Athener ehrte.
Drüder hinaus in silbernem Streifen
Blitzte das Meer auf.
Ich schaue rechts: dort sind sie gestanden,

Dort auf den Höhen, die in gedehntem
Bogen nach mir sich herzieh'n.

Zum Angriff blasen die Hörner.
In die Hüfte gestemmt die langen, starken,
Gefällten Speere schreiten sie vorwärts,
Mann an Mann, eng, fest wie Kettengelenke,
Die Höhen herunter, lautlos,
Langsam zuerst, dann schneller und schneller,
Zum Sturmschritt wird an Gefälle des Abhangs
Der gemessene, stramme Marsch.

Drüben aber von linksher
Wälzt sich entgegen ein Wald von Völkern,
Rollender Wellen ein Ozean
Brauset heran mit Sturmesgebrüll,
Mißtönigem wüstem Kriegsgeschrei
In allen Zungen des Morgenlands,
In gellenden Lauten der schwarzen Söhne
Afrikanischer Gluthsandfläche. —
Sendet aus tiefer nächtlicher Pforte
Der Hades ein wimmelndes Larvenheer,
Wie man in grausigen Träumen es schaut?
Helme wie Lindwurmschweife gewunden,
Felle des Panthers, Felle des Löwen,
Bälge des Fuchses mit bauschigem Schweife,
Häute des Roßhaupts mit flatternder Mähne
Tragen auf Haupt und Schultern die fremden,
Wilden Gestalten.

Da genügt als Waffe nicht Schwert, nicht Lanze,
Nicht spitziger Dolch, nicht Pfeil und Bogen,
Da drohet die Keule mit eisernen Stacheln,
Die mähende Sichel, der packende Haken,
Stricke schwingen sie, lange Schlingen,
Zu haschen, zu fangen an Fuß und Nacken,
Beile erheben sie, Doppeläxte —
Wollt ihr, wie sie einst that,
Als sie den Gatten umschlang mit dem Garne
Und den entwaffneten Helden erschlug,
Wollt ihr Menschen wie Thiere des Waldes
In Schnurnetz verwickeln und vor die Stirne
Wie der Fleischer den Schlachtstier hauen?

Es naht sich.
Ein Hagel von Pfeilen und Lanzen schwirrt
Und prasselt auf griechischem Helm und Schild,
Weithin hört man das Erz erklirren.
Tausende fehlen ihr Ziel, nicht alle;
Schon fällt aus den Gliede der Eine und Andre,
Doch schnell, wo der Stahl eine Lücke gerissen,
Schließt die gegliederte Kette sich wieder.
Kette nicht, Mauer wär' es zu nennen,
Könnt' eine Mauer lebendig werden,
Wandeln und vorwärts rücken und drücken:
Wie sie mit unerbittlichem Zwange
Schöbe und drängte, was ihr begegnet,
Wie sie zermalmte, was nicht Platz macht,
Also, verkitteten Quadern gleich,

Aber nit Augen schauend, nit Händen
Tödtliche Waffe zum Stoß ausstreckend,
Also bewegt sich vorwärts, vorwärts
Die furchtbare Phalanx.
Seht, wie sie beben, seht, wie sie weichen!
Sie haben es nie geglaubt, noch gesehen,
Was geschlossene, mannszuchtfeste,
Vaterlandliebende,
Gesetzen folgsame, freie
Männer vermögen, und wäre zehnfach
Des pochenden Feindes Ueberzahl.

Mit Peitschen hauen die grinnigen Vögte
Von rückwärts hinein in das Angstgetümmel,
In die dunten, zersprengten, zu Klumpen gerollten,
Keuchenden, schlotternden Sklavenrotten;
Sie kreischen, sie ächzen unter den Hieben,
Aber sie fürchten die griechischen Speere
Mehr als der Geißel sausenden Schlag,
Kaun daß zitternd und hoffnungslos
Dieser und Jener die Waffe noch hebt,
Dem Feinde noch bietet die klopfende Brust.
Ja zun Spotte noch lassen sie Zeit:
Wie ernst und blutig das Werk auch sei,
Zu lachen geden die indischen langen
Weiberröcke, die hohen, spitzen
Umwickelten Hüte, die bunten Lappen,
Der ganze verrückte Barbarenaufputz,
Zu lachen dem Einfalt liebenden Griechen,
Den die Natur in der Wiege geadelt.

Aber weh! o wehe!
Dort in der Mitte Schau' hin!
Wie durch die berstende Wolkenwand
Der Blitz hervorschießt,
Mit einmal theilt sich, fährt auseinander
Der ebbende dreite Hordenschwall
Und hervor aus der Spalte sprengt
Schuppengepanzerte Reiterschaar,
Auserkornes, gespartes Kernvolk,
Perser von ächten arischen Stamme,
Edler an Zügen, edier an Gliedern
Als das gezwungene Sklavenblut.
Die Rüstungen blinken, die Lanzen funkeln,
Es wallen und wehen die vollen, langen
Mähnen und Schweife der feurigen Rosse,
Hell wiehert des Hauptmanns Vollbluthengst,
Wie Silber glänzend, nisäischer Weide
Rein gezüchteter nerviger Sproß.
Weh euch, ihr armen Braven! für euch ist
Keine Hoffnung, auf Solches war't ihr
Nimmer gefaßt. Verdeckt als Nachhut
Hatte die eherne Schaar sich gesammelt,
Wider Vermuthen hatten die Schiffe
Mit sich geführt die stampfende Thierkraft,
Wider Vermuthen haben sich kühne
Geschwader des mächtigen Reiterschwarms
Ueber des Erdreichs seebespülten
Morschen Boden gewagt zum Angriff.
Wie ein Orkan aus heiteren Himmel

Auf den ungewarnten Piloten stürzt,
Wie auf den Rothwild jagenden Rüden
Aus der Aeste verbergendem Laub
Ein Panther herabspringt, also plötzlich
Konnt der Gewaltstoß über euch.

Sie sind aneinander. Wildes Jauchzen,
Hastiger Nothruf, rasselnder Erzklang,
Hufegepolter, ein Mantel von Staub
Umwirbelt verhüllend das grausige Wirrsal.

Der Staub ist verweht. — Da liegen sie,
Der attischen Jugend und Mannheit Blüthe!
Weite, von Lanzenspitzen gedohrte,
Vom Hiede der krunnen Schwerter geschlagne
Wunden klaffen, blühende Glieder
Sind von den Hufen der Rosse geknickt,
Leuchtende Augen sind gebrochen.
Nicht jammernder Aufschrei, aber ein Stöhnen
Steigt in die Lüfte aus nancher breiten
Herrlich gewölbten Jünglingsbrust.

Schrecklicher Ares! Nimmer, so lange
Völker kriegten und kriegen werden,
Lag noch und wird je liegen an Boden,
Verblutend, verhauchend die männliche Seele,
So viel Schönheit.
Mir ist, als beugte sich weinend
Phidias über die Heldenleiber.

Auf überschauendem Hügel steht
In schlichter Chlanys, die Arme gekreuzt,
Ruhig, bewegungslos,
Mit Augen des Adlers weitausblickend,
Wachend über das Ganze
Miltiades.
Jetzt bei dem Anblick
Fährt es ihn blutroth über die helle,
Denkende Stirn.
Die wenigen Reiter, Boten des Schlachtworts,
Stehen umher, mit pochenden Herzen
Befehl erharrend.

Er besiehlt.
Wie Sturmwind jagen sie in das Feld,
Linkshin die Einen, rechtshin die Andern,
Hin, wo die Flügel, dort der Platäer,
Hier der Athener siegende Kraft
Vorwärts gedrungen wie Schnitter mähend,
Nicht rückschauend, ganz in die heiße
Arbeit versenket.
Schallende Rufe, mahnende Hörner
Schmettern in's Ohr den trunkenen Sieger
Ein strackes: Halt!
Sie gehorchen, sie stehen, sie blicken
Rückwärts, sehen die Brüder liegen,
Seh'n die gewappneten Reiter wüthen,
Lassen ab von Jagdwerk — allzuschwer nicht:
Gethan ist's; wer da noch lebt und athmet

In diesem Haufen gescheuchten Wildes,
Streckt nimmer zum Kampfe das zitternde Knie.
Sie sammeln die locker geword'nen Glieder,
Schreiten zurück in schleunigem Marsch,
Schwenken in zwei geordneten Säulen,
Umarmen den schuppigen Perserdrachen,
Der die Zähne noch weidet in attischem Blute.
Hier aus den Hügeln, die sich aus Todten,
Aus Verwundeten hoch schon geschichtet,
Rafft sich empor, was den Arm und die Waffe
Noch kann heben, und grüßet die Retter
Tiefaufathmend und tritt in die Reihen.

Von würgendem, stachlichem Todesknoten
Sind sie umschnürt, die Siegesgewissen,
Roß um Roß und Reiter um Reiter
Röchelt an Boden, von Speer durchstochen,
Mit Splitter der Lanze, mit Dolch, mit Faust
Ringt der Gestürzte noch wüthend fort,
Schnaubende Hengste, dem Stich entronnen,
Steigen, als ob sie Gespenster sähen,
Fliehen und reißen den Mann mit fort,
Die nächsten folgen, als spornte der Reiter,
Der doch sterbend in Sattel hängt
Und auf das Kreuz des geängsteten Thieres
Lummelnd mit lästigem Aufschlag hämmert.
Die noch aufrecht sind und noch kämpfen könnten
— Nicht zu wenige sind es, gewaltig
War sie gewesen, die Ueberzahl —:
Als gellte mit markverzehrendem Laute

Die Stimme des Pan, des dunkeln Gottes,
Wenden die Stirnen und suchen, in krausem
Geballten Gewinnel sich stoßend und pressend,
Sich niederrennend den Weg in's Weite,
Hinüber zun Meer, zu den winkenden Schiffen.
Als jagte der Sturmwind tanzende Blätter,
Drängt der Verfolger hinter dem Schwarm her,
Bohrt ihn und drückt ihn in's schlammige Moor
Hinein zun Gewürm in die breite Lagune,
Die, nicht bedacht von den spannenlangen
Sinne des Uebermuths, dort drüben
Lauernd an Fuße der Hügel hinzieht.
Glücklich noch Andre, die sich zur Rechten
Hin nach den festeren Strande geworfen,
Wo sich die Segel, die rettenden, blähen.
Aber nach Feuer rufen die Dränger,
Schleudern die zündende Fackel hinüber
Zwischen die Maste, die Seile, die Bohlen,
Springen hinein in die salzige Meerfluth
Und mit dem Schwimmer ringet der Schwimmer,
Und mit dem letzten Athem der Lungen,
Sieden der Schiffe dem Sieger lassend,
Löst noch die Anker ein kleines, armes
Ueberbleibsel des stolzgeschwellten
Strotzenden Heeres.

Jauchzen, unendliches Jauchzen schallt
Aus griechischen Kehlen in's Meer hinaus —
Kurz nur; in ernster, gehaltener Stille

San nelt sich das geschmolzene Heer
Und betrachtet das fertige Werk
Und danket den Göttern.

Nach den Verwundeten geht nan suchen,
Die Todten hebt nan von blutigen Feld,
Um sie der Mutter Erde zu geben.
Viel erzählt der Eine den Andern,
Was er gethan und gelitten habe
Am heißen Tage und wie er die Theuren
Habe fallen geseh'n, wie der Sohn von Vater,
Der Vater von Sohne, der Freund von Freunde
Auf in ner den kurzen Abschied nahn.

Und durch die Reihen läuft eine Kunde,
Darob sie erstaunen, die müden Helden.
Seltsames ist von Männern gemeldet,
Die in der Mitte der Schlachtordnung
Stauden, als sie durchbrochen war,
Als die Hülfe herbeikam, aber noch haarscharf
Auf der Messerschneide das Schicksal schwebte.
Da ward ein Mann gesehen,
Sagten sie,
Größer war er, als Menschen sind.
Bauernkleidung trug er an Leibe,
Eine Pflugschar führte er in der Faust,
Schlug in die enggekeilten Feinde
Weit ausholend nit Riesenstreichen,
Furchen rieß er, breite und tiefe

Furchen dem dicht nachrieselnden Blut,
Und als geackert war die Hufe,
Als nan ihn suchte, war er verschwunden.
    Und sie sagen, Theseus
Müss' es gewesen sein,
Niedergestiegen aus Geisterreihen,
Eingedenk des Tages der Hochzeit,
Wo er die Räuber, halb Mann, halb Roß,
Wo er die wilden Kentauren schlug,
Niedergestiegen aus Geisterreihen,
Weil er nicht wollte dulden,
Daß Barbaren sein Werk zerstampfen,
Saaten des Korns und
    Saaten der Sittigung.

Mykene.

Habt Nachsicht, Manen des Aeschylos,
Vergebt mir, daß ich euch nachgestammelt.

Auf altersgrauer, halbverfallener
Cisterne Brüstung saß ein großer Geier
Regungslos.
Plötzlich schoß er hinab
Und eine Schlange fest in den Krallen
Taucht' er in Nu wieder auf
Und schwang mit seiner Beute sich hinweg.
Sie wand und krümmte sich
In ihrer Haft und dunkel hoben
Die Ringelwindungen des langen Thiers
Vom lichtvoll blauen Himmelsgrund sich ab.

Und mit den Ringeln kamen mir
Die Schlangenhaarigen,
Die Erinnyen in den Sinn,
Und ich besann mich, wo ich war.
Mykene's Burgthor mit den Säulenhaltern,
Den Pantherthieren, stand
In Mittagssonnengluth
Mir gegenüber.

Und aus dem Thor seh' ich stürzen
Eine Gestalt,

Einen Jüngling, todbleich, mit stieren,
Weitaufgeriff'nen Augen,
Ein blutiges Schwert in der Hand,
Das er weitweg schleudert,
Und hinter ihn eine dunkle Meute,
Wie Hunde bellend, fluchlied heulend
Gräßliche Weiber,
Riesengroße,
Blutblickende,
Schlangenlockige,
Fackelnschwingende,
Schlangenbündel wie Geißeln schwingende.
Sie peitschen los auf den fliehenden,
Keuchenden, Athemlosen,
Hart an den Fersen ihn
Wie Tiger dem stöhnenden Edelhirsch.

Willst nicht auch du noch, lechzendes Pantherpaar,
Herunterfahren von Marmorblock,
In Katzensprüngen, mit Katzenschrei
Dich zu dem wilden Hussa gesellen?

Hin= und hinwegsaust
Ueber Stock und Stein
Die wüthende Hetzjagd,
Fern und ferner verhallt der Jagdlärm.

Wohin? Wohin entschwunden?
Dorthin, dorthin, zum Isthmus hin,
Fort über Berg und Thal,

Hin zu Parnassos' Berggeländen,

Hinauf, hinauf zu ihn,

Dem delphischen Apollon,

Zu ihn, der dich's geheißen,

Der es gesprochen:

Den Vater zu rächen, morde die Mutter! —

Todmatt, leichengleich

Seh' ich dich liegen an heil'gen Altar,

Seufzergebrochene Bitte stammelnd.

Entschlummert liegen die Schwarzen unher,

Ermüdet sie selbst von der rasenden Jagd.

Kurz ist die Frist nur, aus stygischer Pforte

Steigt der gemordeten Mutter Schatten

Und wecket und hetzet die Hetzerinnen

Von Neuen an's mitleidlose Geschäft.

Aber hervor wie ein Lichtstrahl tritt

Der Pythonsieger

Und mit Götterscheltwort,

Gewittersturzschmetterndem, scheucht er

Von seines Heiligthums reiner Schwelle

Die Töchter der Nacht,

Die Ausgeburten des Abgrunds.

Dich aber heißt er

Im Schutze des Götterboten,

Des Seelengeleitmanns,

Des füßebeflügelten Hermes

Wandern zur heiligen Burg hinüber,

Wo sie wohnet in Marmorhallen,

Die hehre Jungfrau,

Zeus' Tochter, Athene.
Richten, verheißet er, richten
Wird sie und schlichten.

Werdender Hoffnung glimmet ein Funken
In der Seele, der müdgehetzten,
Er rafft sich empor und wandert weiter.
Und Gesang vernimmt er,
Herniedertönend von heiligen Gipfeln,
Parnassosgipfeln,
Himmlische Weisen,
Dichterchöre begleitenden,
Ewigen Einklangs vollen,
Seligen Musengesang.
Zu Boden blickt er,
Auf seine Rechte blickt er,
Die blutbefleckte;
„Für mich nicht, für mich nicht!
Für mich das Geheul des Drachen,
Der da drüben hauset in nächtlichen Hohl,
Wie meine wildaufzuckende Seele
Wohnt in der dunkeln Kammer der Brust!"

Abwärts geht es, zur Rechten rauschet,
Durch zackige Schluchten die Gasse sich reißend,
Der Pleistos herauf und singt ihm
Zu den trüden Gedanken sein dumpfes Lied.

Und einen Schatten glaubt er zu sehen,
Voraus ihm schreitend gesenkten Hauptes,

Sinnend, brütend
Ueber ein dunkles Orakelwort.
O, er weiß, wer es ist,
Weiß, was der soll erfahren
Alsobald, drunten in Thal:
Nichtwissend wird er den Vater erschlagen.

Und hinter dem Mörder des Vaters
Geht bang und scheu
Und weinend doch un den Schicksalsbruder
Der Muttermörder.

———

Greise sitzen auf heiligen
Hügel des Ares
An der Akropolis Abhang,
Silberbärtige,
Zu Richtern berufen
Von Pallas Athene.

Gesprochen haben
Die Klägerinnen, haben gefordert
Urrecht, hochheiliges,
Daß nicht straflos bleibe
Grauser Mord, Muttermord.

Gesprochen hat
Der hohe Anwalt, Latona's Sohn,
H::t gefordert
Urrecht, hochheiliges,

Daß nicht straflos bleibe
Grauser Mord, Gattenmord.
Und wäre die Strafe auch neue Schuld:
Er wolle, so sprach er,
Den Mann, der da handelt.

Und gesprochen hat
Nicht kläglichen Tones,
Aber stockend und arn an Worten
Der hoffende, bangende,
Rache erleidende
Rächer des Vaters.

Stumm sitzen die Greise,
Die Häupter wiegend in schwerem Sinnen.
Erfolgen soll Wahlspruch.
In eherner Urne sammelt der Aelteste
Das vernichtende Schuldig! in schwarzen Steinen,
In weißen das rettende Schuldfrei!

Er zählt und gleich ist die Zahl.
Erloschenen Blickes, erdfahl steht
Orestes in Kreise.
Lieder hinunter, so spricht sein Auge,
Hinunter zun Ahnherrn, zu Tantalos,
Als hängend schweben in Hohlen, in Leeren,
Gerichtet und nicht gerichtet,
Ein Schemen, ein Unding, lebendiges Nichts!

Rathlos starren die Richter in's Leere,
Grinnig blicken die nächtlichen,

Noch nicht satten Verfolgerinnen
Und nurren und schütteln das Schlangenhaupt;
Todstill schweigen die Lüfte.
Er aber, der nie Beirrte,
Phöbos, der ewig Lichte,
Ruhig schaut er enpor, und siehe!
Blitzgleich,
Wie sie aus Jovis' Haupt hervorschoß,
Schwebt von der heiligen Burg hernieder
Sie selbst, des Gerichtes göttliche Gründerin,
Pallas Athene.
Schon steht sie innitten des ernsten Kreises,
Gelassen steht sie, leicht hängt ihr an Arme
Der blinkende Schild und gesenkt ist die Spitze
Des oft gezückten furchtbaren Speers.
Sie tritt an die Urne und hebet die Rechte
Und zu den weißen gleitet ein weißer
Loosstein hinab und sie spricht die Worte:
Denn ich will nicht, daß krank und verstört
Bleib' eine Mannesseele,
Welche tauget und wirken kann,
Wär' sie auch schuldig und wär' auch
Weibes Leben ihr Opfer.

Nicht frohlocket Orestes.
Vor der Göttin beugt er die Kniee,
Legt auf die Brust die gekreuzten Arme
Und schaut hinauf in das himmlisch kühle,
Bläulich graue, leuchtende, große

Auge der Jungfrau,
Und sein Auge, das fieberschwüle,
In seine Höhle zurückgesunkne,
Mit dem erloschenen, trüben Blick,
Kläret sich langsam.

Heulend klagen die Rachegeister,
Aber zu ihnen spricht die Erhabne:
Rechtlos darum sollt ihr nicht sein,
Schuldstrafende Wesen!
Verehrung genießet, heilige Scheue!
Im nahen Hain, in schattigen, lieblichen,
Dort, wo geheimnißvoll
Ein Schlund klafft,
Dort in Schoße der Erde
Sei Nachtliebenden euch
Die Stätte bereit und Dienst des Altars
Und fronner Andacht jeglicher Zoll,
Der göttlichen Mächten gebühret.
Eumeniden, die Wohlgesinnten,
Die Gnädigen lasset fortan euch nennen.
Spüret die Schuld auf, strafet sie streng,
Nicht strenger und länger nicht,
Als sie verdient. Auch Fülle des Wohles
Auszuspenden ist euch gegeben,
Wo nan euch ehrt und euer Walten;
Gönnt sie dem theuren attischen Lande!

Festlich geleitet zieh'n die Besänftigten
Hinweg nach der schaurumwehten Kluft.

Sie aber schwebt hinauf, empor,
Hin wo in heiteren Aetherlicht
Schimmert ihr heiliges Tempelhaus.

————

Wie in Traume, so sah ich's,
An der alten Cisterne noch sitzend.
Auf stund ich, trat unter das Löwenthor,
Gieng vorwärts und sah mich um.
Aus Trümmerhaufen erwuchs mir
Der Atriden Palast.

Kostbare Teppiche, purpurne Tempelzier
Sind gebreitet von Thor zu der Treppe.
Auf der obersten Stufe erscheint
Klytämnestra.
Mit schönredendem Gruß empfängt sie
Den Völkerfürsten, Trojas Besieger,
Der gezogen kommt hoch zu Wagen,
Müde des Krieges, froh der ersehnten
Endlichen Heimkehr.
Er stutzet und scheut sich,
Zu betreten die Prachtgewebe,
Thronender Götter geheiligten Hausschmuck.
Doch weicht er der Bitte des falschen Weibes,
Steigt von Wagen in dunkler Ahnung,
Schreitet dahin und hinauf und tritt
Ueber die Schwelle.
Ihm folget Kassandra, die Seherin,

Die Kriegsgefangne, geehret von Sieger,
Tödtlich gehaßt von der scheelen Fürstin.
Nicht dunkel ahnend, hell wissend wohin,
Schicksal verkündend, Erfüllung des alten
Götterfluches, Rache durch Sohnes Hand,
Klaglos gefaßt
Tritt sie hinein in's gewisse Grab. —

Aufstöhnen hört man
Zweimal.
Stille wird's.
Heraus vor des Volkes Augen,
Des todesbangen,
Stolz aufgerichtet,
Die Mordart über der Schulter haltend,
Auf der Stirn einen Flecken Bluts,
Tritt sie, die Schlächterin,
Und rühmt sich der That.

Uralter Fluch ist's, der sich vollziehet,
Tantalos hat ihn geweckt, der Ahnherr,
Grausere That auf grause häufend
Haden Berge von Schuld gethürmt
Thyestes und Atreus
Und an Altar an Strande von Aulis
Hat Agamemnon, Atreus' Sohn,
Die Gattin täuschend das Kind geopfert.
Und empört in der Seele Tiefen
Hat sie Aegisthos sich ergeben,

Mit ihn des Gatten Mord beschlossen
Und selber die blut'ge That vollführt.

Du Armer, du hast es getragen,
Dieses Gebirge von Schuld und Fluch,
Haft erfüllet in Muttermord,
Haft vollendet im gräßlichen Jagen,
Der Rachegeister gehetztes Wild,
Haft vollendet an bangen Gerichtstag
Den weitausschreitenden Schicksalsgang.
Aber entlastet, gesühnt, genesen
Durftest du lang noch und kräftig walten,
Herrschen in Ehren als Fürst Mykene's.

Wo sind sie, die Räume? Ein Trümmerhaufen.
Wo sind sie, die Gräber? Wo schläft Agamemnon?
Unter der Kuppel, die einsam dort,
Geheimnißvoll aus dem Schutte ragt?
Und er, der Dulder, der Letzte des Stannes,
Der Schicksalsvollender,
Wo er wohl ausruht?
Aber ein Etwas sprach mir in Herzen:
Frage nicht, suche nicht!
Die weite Velt
Ist seine Viege und ist sein Grab.

Oedipus.

Habt Nachsicht, Maier des Sophokles,
Vergebt mir, daß ich euch nachgestammelt.

I.

Schon graute der Abend. Rauh und kalt
Durch düsteres Felsthal stürmte der Wind.
Unheimlich war es; mildere Lüfte
Erwartet in Hellas des Nordens Sohn.
Wir kamen von Thebä, hatten die öde
Stätte gesehen, wo Kadmos' Burg stand,
Hatten in Daulis lange gerastet,
Harrend, ob wir in Buschwerk nicht
Philomele's Klage vernähmen,
Aber es täuschte der kühle Maitag.
Wir ritten fest in die Mäntel gehüllt
Und schwiegen. Auf einmal hält
Mein Reisegenosse sein Saumpferd an.
Hier war es, ruft er, hier ist die Triodos,
Der Kreuzweg, wo er's gethan, der Arme!
Erbleicht in Gedächtniß war sie mir,
Die verhängnißvolle felsige Stelle,
Die in herzerschütternden Trauerspiel
Kenntlich der große Dichter zeichnet.
Geborsten in Urzeit ist das Gestein,
Drei enge Gassen blieben den Wandrer. —
Wir standen und schauten.

Die Roſſebeſitzer, die Wächter in Waffen,
Der ſorgliche Diener begriffen nicht,
Was da zu ſehen ſei und zu ſtaunen.
Wir hatten Eile. Nach Delphi hinauf
Gieng die Reiſe, das hohe Gebirgsdorf
Arachowa ſollten wir heut noch erreichen,
Um morgen in hellen Sonnenlichte
Zu ſteh'n, wo Apollon's heiliges Haus
Marmorſchimmernd enpor einſt ragte.
Bedenklich war der nächtliche Ritt,
Grauſame Räuber ſchweiften in Umkreis;
Die Wächter nahnten, wir aber weilten
Und ſchauten.
Hier iſt es geſchehen, du Mitleidswerther,
Geſchlagner des Schickſals, Oedipus!
Wir wandern die Pfade, die du betrateſt;
Aufwärts, von wannen herab du zogſt,
Führt uns der finſtere, wilde Weg.

Hinweg und weiter! Nacht iſt's geworden.
Ueder Geröll und Steingeſplitter,
Durch Rinnen und Riſſe zerfallner Straße
Blind nit den Hufen taſtend und ſuchend,
Keuchend klimmen die müden Thiere
Hinauf an der Schlucht, wo dumpfaufrauſchend
Der ſchäumende Pleiſtos rennt in die Tiefe.
Und durch die Seele gieng nir in Dunkel
Bild un Bild;
Geiſter ſchwebten, trübe Begleiter

Mir zur Seite, sahen mit großen,
Traurigen Augen mir in's Auge.
Dann schien mir auf einmal, es theile sich
Der Mantel der Nacht und Tag sei um mich,
Fürchterlich heller, greller Tag.

Es war ein Tag, vor der Kadmos-Burg,
Dem Sitze des Königs Oedipus,
Um des Apollon heil'gen Altar
Standen versammelt Greise von Thebä,
Männer und Knaben,
Zweige des Oelbaums in den Händen;
Aufseufzend zu dem verehrten Herrscher
Fragten sie ihn, ob er Rath nicht wisse,
Er, der beste der Menschen.
Mähende Seuche, raffende Fieber,
Ausgekocht in der Lüfte Gluthhauch,
Sind über Thebä's Fluren und Straßen,
Heerden und Menschen hereingebrochen.
Wer das Räthsel der Sphinx gelöst,
Wer so väterlich um uns sorgt,
Wird Abwehr finden auch dieser Noth,
Glauben die guten, vertrauenden Herzen.
Thränen vergießend um all' das Elend
Hat er bereits den Schwäher Kreon,
Seiner Gattin Jokaste Bruder,
Zu des pythischen Gottes erhabnem Haus
In Delphi droben hinaufgesandt
Und hofft und wartet auf lösendes Wort.

Der kommt und berichtet den dunklen Spruch:
Ein frevler lebt in des Landes Schoß,
Blutschuld lastet auf seinen Haupt,
Gemordet hat er den König Laios,
Verbannet ihn oder tödtet ihn,
Vertilgt den frevel, und nit der Schuld
Schwindet die Strafe, die gottgesandte. —
Laios, Jokaste's erster Gatte,
War gefallen durch Räuberhand,
Verborgen waren die Thäter geblieben,
Erbleicht in der Menschen Gedächtniß war
Der Gemordete schon vor dem neuen, hellen
Herrschergestirn des Oedipus.

Eifrig, zu folgen dem heil'gen Gebot,
Verkündigt der König: wer von dem Mörder
Weiß, der säume nicht, nir's zu sagen,
Dank enpfängt er und reichen Lohn.
Wer da weiß und hehlt, den treffe der Bann,
Ihm verschließe sich jede Thüre,
Der Altäre und Tempel heiliger Dienst
Sei ihn versperrt als einen Befleckten!
Treu den Gotte will ich als treuer
Mitstreiter wirken, suchen und richten,
Will für den Todten als Rächer stehen,
Als wär' er nein eigener Vater gewesen.
Dem Thäter aber, noch eh' er gefunden,
fluch' ich, ein Leben voll schnöder Qual
Reibe den schnöden Verbrecher auf!

Und nährt' ich ihn selber ohne mein Wissen
Als Hausgenossen an meinen Herd,
So treffe mich selber alles Leid,
Das ich dem Schuldigen angewünscht!

Die Suche beginnt.
Den blinden Seher Tiresias
Beruft der König auf Kreon's Rath.
Licht soll er schaffen, der ohne Augen
Geistig schaut in Höhen und Tiefen.
Ungern kommt er, traurig und trüb
Senkt er das Haupt mit den weißen Locken,
Bittet: entlaß mich! Er will nicht reden,
Räth und ermahnt, nicht weiter zu spüren.
Jäh ist des Königs feurig Gemüth,
Argwohn faßt er, mit heftigen Worten
Fährt er ihn an und zeiht ihn verborgner
Mitschuld. Offenes Schreckenswort
Entringt sich des Greises Lippen jetzt,
Des beleidigten, arg verkannten:
Du bist der Mörder und mehr noch künd' ich:
Mit Blindheit geschlagen pflegest du
Naturentheiligend schnöden Bund.
Die Jener es hört, das Undenkbare,
Empört sich die Galle, verstört sich der Sinn,
Unrecht begeht der Brave, Gerechte:
So an Geist wie an Leibe blind
Schilt er den augenlosen Greis
Und in Einen Athem gibt er ihn Schuld,

Mit Kreon, welcher als Ränkeschmied
Nach der Königskrone die Hand ausstrecke,
Steh' er in schleichendem Diebesbund.

Genug ist's. Jetzo spricht der Seher:
So wisse, weil du mich Blinden gehöhnt:
Ein Blinder, den Weg mit dem Stab vortastend,
Ein Bettler, ein fluchbeladner Verdammter,
Bruder der eigenen Kinder,
Mörder des Vaters wirst du wandern
Hinaus in die Fremde!

Kaun so nur, wie es uns grauen mag,
Wenn wir ein Schreckenswort anhören,
Das einen Andern verkündigt wird,
Graut es dem Oedipus. Rein von Schuld
Weiß er sich ja, der empörten Unschuld
Kochender Ingrimm füllet die Brust.
Kreon erscheint, den häßlichen Argwohn
Sprudelt er drohend gegen ihn aus. —
Wer den bewährten Freund verstößt,
Der thut Gleiches, sagt der Gekränkte,
Als stieß' er das eigene Leben aus;
Zu Grunde geh'n, ein verfluchter Mann,
Soll ich, wenn du mich wahr bezichtigst.
Aus den Gemächern tritt Jokaste,
Mahnt mit dem Volk den erbosten König,
Daß er des Bruders hohe Betheurung
Scheuend in Frieden ihn entlasse.
Er thut es, doch unmild, inner noch zürnend,

Klaget der Gattin, wie ihn der Seher
Auf Kreons Geheiß — so glaubt er noch in ner —
Des gräulichen Mordes beschuldigt habe.
Sei sorglos, tröstet sie jetzt des Gatten
Wildaufwogendes Herz; nimm's leicht!
Spruch der Seher bekümmre dich nicht!
Kein sterbliches Wesen schaut in die Zukunft.
Ein Wort entlaste dich aller Angst:
Priester Apollo's, irrthumbefangen,
Haben den Laios einst verkündigt,
Ihm sei blutiger Tod beschieden
Durch des eigenen Sohnes Hand
Zur Strafe für alte Jugendschuld,
Am freunde verübten Knabenraub.
Dem Kindlein, das ich nach Jahren ihn
Geboren, ließ er die Knöchel durchstechen,
Mit Gerten fesseln und übergab es
Einem Sklaven, in Waldgebirge
Des rauhen Kithäron es auszusetzen.
Durch andere Hand ist Laios gefallen,
Räuber, fremde, noch unerforschte,
Haben ihn überfallen, erschlagen
Am dreigespaltenen Kreuzweg —
Warum erbleichst du? Warum, nein Gatte,
Zuckst du und sinken die Züge dir ein?

„Nenne das Land mir, wo es geschehen."
Im Phokerland, wo von Daulis her
Nach Delphi gewendet die Straße führt;

Wegen der Sphinx den Gott zu befragen,
Die in fleische von Thebäs Söhnen
Wüthete, war er dahin gereist.
„Die war fein Aussch'n?"
Ergrauende Locken, hohe Gestalt,
Die Züge den deinen ähnlich.
„Seine Begleiter, wie viele waren's?"
Vier und Einer davon entkam.
„Wo ist dieser Eine, lebt er im Haus noch?"
Er weilte bei uns, doch als du kamest,
Als du König von Thebä wurdest,
Ergriff er die Hand mir und bat mich innig,
Zur Hut der Heerden ihn fortzusenden
ferne vom Anblick dieser Stadt.
„Kann man ihn rufen und schnell?" —
Darum so dringend? — Und Oedipus,
Mit bebenden Lippen erzählt er jetzt,
Das er bis dahin hat verschwiegen,
Das er in Glücke so gern vergessen,
Das ihn an Kreuzweg widerfahren.

Laß mich die Last des Berichts, du armes,
Vom Blitze durchzucktes Menschenkind,
Von der stockenden Zunge dir nehmen!

Ein fröhlicher Knabe wuchs er auf
In des reichen Korinthos' ragender Burg.
König Polybos und seine Gattin
Merope waren ihn Vater und Mutter.

Zum Jüngling geworden muß er ein böses
Wort vernehmen aus Spöttermund,
Zweifel zündend, ob sie es seien,
Die er als Eltern liebte und ehrte.
Da verläßt er die fürstlichen Hallen,
Nach Delphi zum wissenden Gott hinauf
Pilgert er, dumpfen Druck in Herzen,
Und fragt ihn um Licht.
Und es ergehet das grause Wort:
Tödten wirst du den Vater,
Virst die Mutter zur Gattin haben
Und Kinder zeugen, des eigenen Vaters
Brüder und Schwestern.

Fort und hinaus in die weite Welt,
Zu meiden, was auch zu denken nur
Entsetzlich ist!
Als trieben Gespenster, nacht er sich auf,
Wandert und wandert, es senkt sich der Pfad,
Dumpf toset der Pleistos neben ihn,
Ueber die Blöcke zerriss'ner Felsen
Sucht er schäumend, springend und stürzend
Hinunter den dunkeln Veg zum Abgrund.
Tief in Gedanken horchet der Jüngling
Und schreitet abwärts weiter und weiter.
Er ist unten. Er stehet still
Sinnend, wohin er sich wenden solle,
Und schlägt sich linkwärts.
Hat kein warnender Geist dich leise

An der Schulter berührt und rechtwärts
Dir mit winkendem Finger gezeigt,
Wo an Ufer des Pleiſtos hin
Der Weg dich führte zur hellen Meerbucht,
Hinweg, hinaus in's Offne, in's Weite,
Wo die blaue See in die Ferne lockt?

Gefahren kommt mit Dienergeleite
Ein ſtolzer Herr von großer Geſtalt,
In dunkeln Locken das erſte Grau;
Der Lenker der Roſſe, wie er den ſchlichten
Wandrer in engen Felsweg ſieht,
Haut mit geſchwungener Geißel nach ihn,
Der Jüngling erwidert-den rohen Schlag.
Jetzt auf den Scheitel fällt ihn ein Hied,
Vom Wagen herab mit dem Stachelſtabe
Heftig geführt von Uebermuthe
Des Ungeduldigen, der da gebietet.
Aufbraust in Entehrten der Jugend Zorn,
Aus den Wagen ſtößt er den barſchen Thäter,
Rücklings ſtürzt der Getroffne herad,
Rafft ſich empor und fällt mit den Dienern
Wüthend über den Fremden her.
Da gilt's Nothwehr.
Heldenmäßig an Gliederbau
Siegt er in wilden Handgemenge,
Erſchlägt dis auf Einen, der entflieht,
Den Herrn und die Diener
Und wandert weiter nach Daulis hin.

Hat es den düstern Muth dir gereizt,
Als du die Kunde da vernahmest
Von dem geflügelten Ungeheuer
Im nahen Thebä, wie es die Kühnen,
Die sich verwegen, sein Räthsel zu rathen,
Und es zu lösen nicht vermögen,
Zerreiße mit seinen Löwenklauen
Und als blutigen Zoll verschlinge?
Hast du gedacht: ich wag' es darauf!?
Was ist verloren, wenn ich's verliere,
Dieses gespenstische, schwüle Leben?

Er kommt nach Thebä.
Dort in der alten Burg des Kadmos
An des ermordeten Königs Statt
Waltet Kreon in schweren Sorgen.
Räuber, so hatte der Flüchtling gesagt,
Waren es, die den Laios erschlugen.
Nach der Bande zu forschen, zu fahnden,
Gönnt nicht Athem der Drang der Zeit;
Auf die Ferse dem Schrecken tritt der Schrecken,
Des Kreon eigner geliebter Sohn
Ist Opfer geworden des Ungethüms.
Verkündigt hat er in all der Noth:
Wer sich stellt, das Räthsel zu lösen
Der menschenopferschlingenden Sphinx,
Und es erräth, soll haben zum Lohne
Der Witwe Jokaste fürstliche Hand
Und mit ihr die Krone des todten Königs.

Der Fremdling wagt es.

Hellen Geistes, gedankenschnell

Löset er leicht die dunkle Frage,

In den Abgrund stürzt sich der geisterhafte

Zwitter aus Jungfrau, Vogel und Löwe.

Hochgefeiert wird der Erretter,

In der Hand einen Kranz von Myrthen und Lorbeer,

Tritt ihn entgegen das hohe Weib,

Jener edlen Gestalten eine,

Velche den herbstlichen Reif der Jahre

Trotzen in frische gediegener Kraft.

Vom Jauchzen des Volkes hallen die Straßen,

Die Halden der Berge rings un die Stadt;

Die Gespenster weichen ihn von der Seele,

Schnell reift an der Sonne der ernsten Pflicht

Der junge Geist, er herrschet gewaltig,

Mild und strenge, gerecht und weise.

Ebenen Flusses gleitet das Leben

Und ein blühendes Töchterpaar

Und ein kräftiges Paar von Söhnen

Entsprosset den glücklichen Ehebund. —

———

Und nun steht er und hat es erfahren,

Und nun weiß er, wer es gewesen,

Der in gekreuzten Felsweg dort

Den König Laios hat erschlagen

Und wer Laios ihn gewesen,

Und weiß auch, wer seine Gattin ist.

Und nun steht er und hat es erzählt,
Was er bis dahin hatte verschwiegen,
Weil es entschlummert war in Geiste,
Eingewiegt von den Tagen des Glücks.

O Hoffnung, aus wie festem Garne
Ist gewunden dein Ankertau!
Ein dünnes Fädchen, es hält noch fest,
Denn nichts mehr zu halten ist und zu retten.

Sind's Räuber gewesen, und viele, nicht Einer,
Die den Laios erschlugen, so sind zwei Thaten,
Zwei Stellen des Wegs zu unterscheiden;
Einen Andern hat seine Hand getroffen
An andrem Kreuzweg. Gewiß auch ist doch,
So meint Jokaste, daß Laios' Kind
Schon längst verschmachtet ist in der Wildniß.
Eins nur nach des Orakels Spruch
Kann noch drohen: daß er dereinst noch
Polybos, seinen Erzeuger, tödte.
Nach dem Hirten ist ausgeschickt,
Dem Mann, der entfloh'n an Tage des Kampfes.

Ewigkeiten sind die Minuten,
Bis er erscheint, der furchtbare Zeuge.
Die Herzen klopfen. Oedipus ringet,
Sich zu täuschen, als wüßte er nicht,
Das ihn oft schon Gedanken gemacht:
Daß er Narben, bedenkliche Zeichen,
An den Knöcheln der Füße trägt.

Zurück in der Seele dunkeln Schacht
Drängt er gewaltsam die alte Frage,
Woher das seltsame Merkmal stamme.
Auf Jokaste's Busen liegt es schwer,
Daß es so schwer liegt auf des Gatten
Pochender Brust. Mit Kränzen kommt sie,
Am Altare sie aufzuhängen,
Weihrauch=Opfer zündet sie an,
Ob die frommen Geschenke wohl
Versöhnen möchten des Gottes Zorn.
Was versuchst du nicht, armes Erdenkind,
Unter der Wolke des Schicksals bebend! --

Schritte vernimmt man; doch nicht der Hirte,
Ein Anderer ist's, von Korinthos' Hofburg
Kommt ein Bote mit hellen Glückwunsch,
Bringt erlösende, festliche Kunde:
Gestorben ist Polybos, herrschen soll,
Von dem wählenden Volk erkoren,
Oedipus dort in isthmischen Land.

Aufathmen die schwer beklemmten Gemüther.
Wohl mir! o, wohl mir, ich bin frei!
Wahr ist's, sie wissen nichts dort oben
Am pythischen Herde die wirren Seher!
Zum Hades hinunter hat Polybos
Mit sich des Gottes Fluchwort genommen!
Frohlockt des Königs entlastetes Herz;
Nur ein scheuer Gedanke beschleicht es noch
Und er gesteht ihn dem fragenden Mann:

Die Mutter lebt und ihn ist geweissagt,
Daß er sie werde zur Gattin nehnen.

Jetzt, wo doppelter Königskrone
Goldener Glanz sein Haupt soll schmücken,
Jetzt naht es —
Grundlos besorgst du, beruhigt der Bote,
Nicht des Polybos, nicht der Merope
Sohn bist du, der Zeuge bin ich.
Ich selber hab' in Kythärons Waldschlucht,
Ein Hirte damals, von einen Hirten,
Knecht des Laios, dich enpfangen,
Ein wimmerndes Kind nit durchstochnen Füßen;
In die Arne des Königs Polybos,
Des Kinderlosen, legt' ich das Knädlein,
Er nahn dich an's Herz und nannte sein Kind dich.
Dir nögen die Fußgelenke bezeugen,
Daß du der gerettete Findling bist.

Kennt Einer den Mann, der zu jener Zeit
Des Laios Heerden in Waldgebirg
Gehütet hat? So fragt Oedipus.
Derselbe Mann ist's, derichtet das Volk,
Der dem Tod entkam, als Laios fiel,
Der die Stadt verließ, nachdem du erschienen,
Die Sphinx vernichtet, den Thron bestiegen,
Der als Hirte jetzt wieder dient,
Derselbe, den du vorhin beschieden,
Eh' von Korinthos der Bote kam.

forſche nicht weiter! nahmt nit Beben
Jokaſte, mögeſt du nie erfahren,
Wer du biſt!
Und da er beharrt auf ſeinen Willen,
Eilt ſie nit Wehruf über den Armen
Zum Letzten entſchloſſen in den Palaſt.

Noch nicht löst ſich, gelockert längſt,
Der Blindheit Binde von Aug' des Königs;
Er wähnet und ſieht auf das Eine nur hin:
Es könne zu Tag, daß er niedrig geboren,
Daß er der Sohn eines Hirten ſei,
Jokaſte fürchte ſich vor der Schmach,
Und nit den Muthe des braven Mannes
Vill er es auf ſich nehmen und tragen.

Man hat ihn gefunden, er kommt, der Hirte,
Ein Greis ſchon wie der Korinthiſche Bote.
Der Bote erkennt ihn und er den Boten,
Der neben ihn einſt die Heerden geweidet.
Gedenkſt du, fragt ihn der alte Nachbar,
Daß du vor Jahren ein neugebornes
Kind in Gebirge nir übergeben?
Der Hirte zögert und zittert.
Oedipus, herriſch noch in ner, droht:
Auf den Rücken laß ich die Hände dir ſchnüren!
Jetzt geſteht er: „Ich had's gethan.“
„„Und weſſen Kindlein iſt es geweſen?““
Er ſtockt. Mit dem Tode droht der König.
„Ich bin daran, zu ſprechen ein Schreckenswort.“

„„Und ich, es zu hören, doch hören muß ich's!"“
„Es sei! Die Königin selber war's,
Die mir den Knaben übergab,
Hinaus in die Wildniß sollt' ich ihn legen,
Dem Hunger oder dem Wolf zur Beute."
„„Die eigene Mutter?"“
„Erschreckt durch grausigen Götterspruch,
Der Eltern Verderben werde das Kind sein."
„„Warum den Greis hier gabst du das Knäblein?"“
„Es erbarmte mich."
„„Warst du dabei, als Laios fiel?"“
„Ja."
„„Sind's Räuber gewesen, die ihn erschlugen?"“
„Ich log aus Scham, daß Viele von Einen
Sollten bezwungen sein. Den Besieger
Erkannt' ich in dir, als du kamst nach Thebä.
Warst du das Kind, von dem wir sprechen,
Bist du zum Elend wahrlich gezeugt."

Heraus ist's, die Binde vor seinen Augen
fällt.
Was er gethan in jener Stunde,
Als er hinab von Delphi floh,
Dem Netze des Schicksals zu entrinnen,
Das ist es, was ihn hineingeführt.

„„Wehe mir, weh! O Sonnenlicht,
Zum letzten Mal seh' ich heute dich!
Ich stamme von wen ich nicht gesollt,

Ich verkehrte nit wen ich nicht gedurft
Und begieng an Vater den Gräuelmord!""

Er verschwindet in des Palastes Pforte,
Tobt drinnen unher wie von Wahnsinn gepeitscht,
Schreit nach den Unweib, fordert ein Schwert,
Die Diener weigern, er reißt aus den Angeln
Die geschlossene Thüre des Schlafgenachs,
Findet erdrosselt von eigener Hand
Die Gattin Mutter, zerrt von der Brust ihr
Die goldene Spange, gräbt sich die Dorne
Bohrend hinein in die Augensterne
Und ruft: seid blind! Ihr habt, als ihr sahet,
Nicht gesehen und was auf der Welt nun
Könntet ihr Süßes je noch sehen!

Man führt ihn heraus, ein Knade lenkt ihn,
Sein Volk soll ihn schauen, er hat es gewollt.
Ein dunkler Blutstrom schießt aus den Augen,
Die noch soeben helle geleuchtet,
Geistesmächtigen, scharfen Blicks.

Und jetzt stiegen enpor zum Himmel
Jannerrufe, Laute des Wehs,
So furchtbaren Tons, so markdurchbohrend,
Worte der Sprache nennen ihn nicht.
Viel Wehklagen, Stöhnen und Seufzer
Vernimmt das eherne Himmelsgewölbe,
Denn viel leiden die verwundbaren Sterdlichen.
Hat wohl je auf den Erdenrund

Janners Aufschrei, so grundtief
Aus verzweifelnder Seele geholt,
Ausgepreßt von Uebelsgebirgslast
So ganz unerträglicher Art
An die ewige Kuppel gepocht,
Wie dieses Blinden: Wehe! Wehe!
Dieß Wehe, Weh! aus des Volkes Mund?
Parnassosberge, felsige Häupter,
Die ihr umstandet, steinerne Zeugen,
Die Bühne des Janners, ich wundre nich,
Daß ihr nicht wanktet, daß nicht die Stöße
Des gransen Schalls und des Widerhalls
Zu Staud zerrieben das Korn des Granits.
Ja Mancher, der dem unsel'gen Mann
Vorrücken gewollt die zornige Wallung
Und zeigen, wie nun unter dem Fluche,
Den er gewälzt auf den dunkeln Thäter,
Erdrückt er selber liege und seufze:
Mancher, der also Hartes gedacht,
Muß nun weinen.

Die Klage wird stiller, zu Red' und Antwort
Sanneln sich die zerrissenen Geister.
„Wohlgethan hast du dennoch nicht,
Besser nicht sein, als lebend blind!"
Milden Tones erhebt den Vorwurf
Im Kreise des Volks ein bedachter Greis.
Nicht also sprich! erwiedert der Arne;
Im Hades selber mit welchen Augen

Hätt' ich den Vater, hätt' ich die Mutter
Nach solchen Thaten noch angeblickt!
Der Kinder Blüthe, die Thürme der Stadt,
Die Straßen, die Tempel, die Götterbilder
Könnt' ich nich sehnen noch einmal zu seh'n,
Dürft' ich mit Augen des Reinen sie seh'n.
Nimmer! für nich wär's besser, ich könnte
Einen Damm, einen Wall rings um nich zieh'n,
Jeglichen Sinnes Pforte verschließen,
Um einsam zu sein, ganz einsam.
Hinaus mit mir in die Ferne, die Oede!
Stoßt nich hinab in des Meeres Tiefe,
Daß kein Auge mich fürder sehe!

So ruft er, aber noch nicht zu Ende
Sind seine Leiden, bittere Hefe
Ist noch in Kelch.

Kreon erscheint, nicht zürnend mehr,
Willfährig in Einen, doch hart in Andern.
Zwei Bitten noch hat der verlorene Mann:
Flugs banne nich fort aus diesem Land,
In des Kithäron waldige Schluchten
Laß nich führen; die grausame Wiege,
Die nich bewahrt hat, statt nich zu tödten,
Werde mein Sarg. Doch meine Kinder, —
Nicht um die Söhne ist mir bange,
Sie werden sich bahnen ihren Weg —
Die Töchter aber, in deine Hut
Befehle ich sie, o schirme die Theuren!

Und thu' mir die Liebe, bring' sie mir her,
Laß mich noch einmal sie umarmen!

„Es sei dir gewährt." Er führt sie herbei,
Sie kommen schluchzend, nach ihren Häuptern
Tastet der Vater, zieht an die Brust sie
Und beweinet das Loos der Waisen
Und wünschet, freundlicher möge ihnen
Das Leben werden, als ihn es ward,
Und küßt sie herzlich und läßt sich mit Handschlag
Von Kreon geloben, daß er ein zweiter
Vater wolle den Armen sein.

Nun möcht' er scheiden und muß noch erfahren,
Daß nicht frei ist ein blinder Mann.
Kreon befiehlt: es ist genug!
Auf nun und geh' in's Haus hinein!
Die Gottheit muß ich noch erst befragen,
Was es werden solle mit dir!
Folgen muß er; aber die Töchter,
Bittet der Blinde, möcht' er ihn lassen.
Zu viel nicht wolle! lautet die Antwort,
Vergiß nicht, daß es dir nicht zum Heile
Auf des Lebens Bahnen gedient hat,
Wenn du des Herzens Wunsch erreichtest!

Und wie er zurückwankt in das Haus
Ohne die Töchter und wie sie ihn nachschau'n,
Tritt Einer hervor aus der Bürger Reihen,
Ein Mann, nicht jung mehr, die ersten Falten

Hatten sich auf die Stirn geprägt;
Er war von Allen geliebt und geehrt,
Veil er gut war und weil er in tiefer
Seele des Lebens Ernst bedachte;
Der spricht:
Ihr Bewohner von Thebä, sehet,
Dieß ist Oedipus,
Der das Räthsel der Sphinx entwirrt hat,
Der da geherrscht hat groß und gewaltig,
Den wir Alle selig gepriesen,
Den wir Alle beneidet haben!
Darum der Erdensöhne keinen
Rühne du glücklich, eh' er von schwerem
Wetterschlage des Schicksals frei
Zum letzten Ziele gelangt ist.

Oedipus.

II.

Welch' liebliche Flur ist's, die wir betreten?
Graubläulich schimmert des Oelwalds Grün,
Platanen bieten ein schattiges Dach;
Stuten waiden auf saftigem Rasen,
Wiehernde Füllen springen unher,
Ein nunteres Flüßchen kommt gezogen,
Plaudernd grüßt es die durstigen Matten,
Schmückt sie mit blitzendem Silberband,
Erquickt sie mit frischen, reinen Waffern
Und nähret Blumen, goldenen Krokos,
Veilchen und Rosen und Anemones
Purpurkelche und weiß vorglänzend
Persephone's und Demeter's Liebling,
Die Blume Narkiffos. Emsige Bienen
Schwärmen unher und suchen und sammeln,
Wie leises Läuten tönt ihr Gesumm.
Aber an Ulmen und jungen Pappeln
Schlingt sich hinauf und senkt die blauen,
Schwellenden Trauben zwischen die dreiten,
Schöngeschnittenen Blätter herab
Des Dionysos köstliche Gabe.
Im Dunkel der Myrten= und Lorbeerbüsche
Klagt in langgezogenen Tönen

Und vergißt in schmetterndem Jauchzen
Philomele den tiefen Schmerz.
In lichtdurchdrungenem Aether schwimmt
Die selige Welt. Von Weitem schauen
Schlank ansteigende Berge herein,
Warmgoldig leuchtend, fern und ferner
Verschwebend in tiefen, duftigem Blau.

Er sieht sie nicht, die liebliche Flur,
Der Greis, der dort aus des Waldes Schatten
Am Bettelstabe sich herbewegt.
Er ist blind. Eine Jungfrau leitet
Mit zärtlicher Sorge seinen Schritt.
Er ist müd, er ist lang gewandert.
Auf ein Felsstück setzt sie ihn nieder
Und schmiegt sich an ihn und küßt sein Haupt.
Da ruht er nun aus. Ein leichter Wind
Spielt mit den wilden, ungepflegten
Grauen Locken. In Lumpen gehüllt
Ist die gebrochene Heldengestalt.
Ein goldener Thron war einst ihr Sitz.

Ihr kennt ihn. Der Adel seiner Züge
Leuchtet noch jetzt aus den Furchen hervor,
Es sind die Züge des Oedipus.

Bis dahin? Mußt' es dis dahin kommen?
Noch immer nicht, auch damals nicht
Ist ausgetrunken der Leidenskelch?

Als er den jähen Tod sich wünschte,

Niemand that ihn den Liebesdienst.
Und über ihn kam nit dreiten Flügel
Die Zeit und langsam sang sie ihn
Das nüchterne, harte Lied in's Ohr:
Im ersten, tobenden Sturn der Seele
Hast du dich allzuschwer bestraft!
Und ihn zählte der schleichende Tag,
Die bleierne Stunde pünktlich auf,
Das Alles besaßt sei in dem Worte:
Blind sein.
Die ein anderer Sohn des Staubes
Erfährt er in Kleinen des Lebens Noth
Und wäre zufrieden, da er ja doch noch
Lebt, gemächlich leben zu dürfen
In des Hauses wohnlichen Schutz,
Und in der Töchter, von Kreon selbst
Wieder gegönnter sorglicher Pflege,
An der Gewohnheit steter Hand
Zu lernen, wie er sich tragen lasse,
Des zerrissenen Daseins arner Rest.

Das wird ihn nicht. In unserer Mitte
Soll nicht weilen der Fluchbeladne!
Rufen gehässige Angstgemüther,
Werden in Volke, schaffen sich Anhang,
Gewinnen Kreon, gewinnen zuletzt
Die unnatürlichen Söhne selbst,
Und vertrieben wird er, verdammt,
Hinausgestoßen in's Unbekannte,

In die weite und doch verschloff'ne Welt.
Aber treu sind die Töchter geblieben.
Zur blühenden Jungfrau schon erstarkt,
Kraft in den Gliedern, Muth in der Seele,
Schreitet Antigone mit dem Vater
Aus dem schirmenden Heimathhaus.
Auf der Schwelle, in heißen Thränen,
Steht Ismene, die zarte Schwester;
Hoffend, daß sie ihm Tröstliches noch
Erwirken und fernhin melden könne,
Sagt sie mit innigem Tochterkuß
Lebewohl und blickt noch lange
Dem Scheidenden nach.

Regenschauer und Sonnenbrand,
In wilden Wäldern Räubergefahr,
Pein der Ermattung, hartes Lager
Hat mit dem Vater das Kind getheilt,
Mit ihm gehungert und für ihn
Gebettelt.

Es glimme, so wollt' es ihr oftmals scheinen,
Ein geheimes Licht in des Greisen Seele,
Welches nach einem Ziel ihn weise,
Nicht deutlich und dennoch Quelle von Trost.
In der Erinnrung war ihr geblieben,
Daß in den Tagen vor dem Scheiden
Ein bejahrter Bürger, ein treubewährter,
Geheimnißvoll zu dem Vater eintrat
Und daß klarer als sonst die Stirne,

Heller die Stimme des Blinden war,
Als er hinwegdieng. Jener war es, —
Sie wußte es nicht, — der Mitleidsvolle,
Welcher das Wort von Menschenschicksal
Dem Volke von Thebä zugerufen
Am schrecklichen Tag, als Oedipus
Trostlos zurück nach der Pforte wankte.
Philophron war der Brave genannt.
Als Bote des Trostes, ahnte sie,
Mußte er nun gekommen sein.

Wo sind wir? fragt auf dem Felsblock sitzend
Der blinde Greis. In der Ferne dort
Ragt eine Burg, Athene's Feste
Glaub' ich zu sehen, spricht die Tochter.

Ein Landmann kommt, der Blinde befragt ihn,
In welchem Gaue des attischen Landes
Er sich befinde. „Bevor ich erwiedre,
Hebe dich weg von diesem Sitz!
Betreten hast du heiligen Boden,
Unnahdar ist er, den furchtbar ernsten
Göttinnen eigen, die unsrem Lande
Gnädig sind, den Eumeniden."

„„So weich' ich nimmer von dieser Stätte!
Sag' mir, wie heißt der Gau?"" — „Kolonos
Ist er genannt." — „„Und wer beherrschet
Dieß Land?"" — „Er nennt sich Theseus." —
„„Thu' mir die Liebe, ruf' ihn herbei,

Ich muß ihn sprechen."" — Der Mann von Kolonos
Betrachtet gerührt den armen Alten;
Zuerst die heimischen Bürger zu fragen,
Ob der Fremde an heiligen Ort
Verweilen dürfe, geht er hinweg.
Wohl mir! ruft mit erhob'nen Armen,
Mit gefalteten Händen Oedipus,
Wohl mir! Wohl mir! es ist erreicht,
Das ersehnte Ziel, hier darf ich sterben.
O grollet mir nicht, ihr hehren, strengen
Nächtlichen Wesen! in euren Haine
Hat mir Apollons Stimme verheißen
Rettende Zuflucht und des langen,
Schweren Lebens Ende, den Tod.
Zeichen, so hat der Gott gesprochen,
Blitz und Donner, Beben der Erde
Werden vorangehn und bezeugen,
Daß der Höchste sein Jawort gebe,
Zeus, der Herrscher in Himmelshöhen.
Segen und Heil auch ist verkündigt
Dem gastlichen Lande, das dem Müden
Ein Grab in seinen Markungen schenkt.
O gönnet mir bald, den Lichtgott ehrend,
Begnügt mit des Leidens gehäuften Maß,
Furchtbare Töchter der alten Nacht,
Der Stunden letzte! Und du, gepries'ne
Stadt der Pallas Athene, schaue
Mitleidsvoll auf dieß entstellte
Gebilde, das meinen Namen trägt!

Nicht länger säumet der Vater nun,
Der Tochter auf ihre schweigende Frage
Licht zu geben: es war Philophron,
Ihm verdank' ich die hohe Kunde;
Als nun beschloß, mich auszutreiben,
Sammelt er still die Treugebliebnen,
Führt sie vereint hinauf nach Delphi.
Flehend wirft er sich dort zu Füßen
Dem Gott als Sprecher der frommen Wallfahrt,
Und es ergieng der milde Spruch,
Den er geheim wie lindernd Oel
Auf die wunde Seele mir goß.

Der zweifelnde Landmann kommt zurück
Und bringt Kolonische Bürger herbei.
Wie sehr sie der blinde Greis erbarmt,
Sie heißen ihn weichen von streng versagten
Heil'gen Bezirk, den ungeweihet
Kein sterblich Wesen betreten darf.
Benachbarten Hügels felsigen Gipfel
Soll er besteigen und dort weilen.
Auf Antigone's Arm gestützt
Seufzend verläßt er die Ruhestätte,
Erklimmt den Hügel und steht dort oben
Den Männern vor Augen; deutlich hebt sich
Von einer silbernen Wolke Grund
An der Jungfrau Seite sein düst'res Bild.
„Wer bist du? Sprich!" Er möchte schweigen,
Sie fragen und fragen, und aus der Seele

Ringt ſich, als zöge nan unerbittlich
Aus tiefer Wunde ein ſcharfgezahntes
Roſtiges Schwert, das herbe Geſtändniß.
Grauen und Angſt verdrängt das Mitleid .
Aus der entſetzten Hörer Seelen:
„Hebe dich fort! Aus unſern Grenzen
Fliehe nit deines Fluches Laſt!"
Herzlich fleht für den Augenloſen
Die weinende Tochter. Jedoch er ſelber
Beſinnt ſich auf ſich und nicht nit ſchwacher .
Greiſenſtimme, nit Manneston
Ruft er: ſcheuet des Schickſals Macht!
Heilig ſollte das Unglück ſein!
Fraget euch ſelbſt, ob Jeder nicht
Beſahren könnte, was ich beſuhr!
Heilig ſollten die Häupter ſein,
Welche ein Gott hat auserſehen
Und gezeichnet und hingeſtellt
Hoch als Bilder des Menſchenlooſes,
Daß nan ſehe, daß nan erkenne,
Was den Menſchen begegnen kann!

Tief in die Herzen dringt ſein Wort
Und ſie willfahren ſeiner Bitte,
Daß nan warte, bis Theſeus kommt,
Er ſoll ihn vernehnen und ſoll entſcheiden.

Man wartet. Antigone ſchaut hinaus
In die Ferne und ſieht ein Weib ſich nah'n

Auf Rosses Rücken, das Haupt bedeckt
Mit breitrandigem Schattenhut.
„Was seh' ich? Darf ich den Augen trau'n?
Ismene, die Theure! schon seh' ich sie lächeln!
Sie ist es, die Schwester, die lang entbehrte!"
Sie kommt und liegt in des Vaters Armen,
In der Schwester Armen und weint vor Freude.
Bescheiden tritt zu den froh Vereinten
Der treue Geleitsmann, der sie geführt,
Philophron. Innig, wie sie ihn danken,
Dankt er den Göttern, daß sie zum Ziele
Gelangt ist, die mühvoll suchende Fahrt.

Kurz ist die Freude. Traurige Botschaft
Hat sie zu bringen. Der ältere Sohn,
Polyneikes, hatte den Thron bestiegen.
Eteokles, der herrschaftgierige Bruder,
Hat ihn verdrängt. Der Beraubte weilt
In Argos drüben und wirbt sich Freunde
Und rüstet Krieg, sein Recht zu erkämpfen,
Bruderkrieg. — Zur Quelle des Lichts
Nach Delphi sandte nan Opferboten
Im Drang und Dunkel der schweren Zeit —
„Und, o Vater, der jüngste Spruch
Des hohen Gottes, er hat verheißen:
Segen soll er den Lande bringen,
Wo er in Tode ruhen darf,
Dein müder Leib. Und jetzo will man
Dich wieder haben und holen will dich

Kreon und will dich heimwärts führen;
Doch an der Grenze nur sollst du wohnen,
Nicht in Kadmos' Burg und Bezirk,
Weil in Leben dich Fluch umgibt."

Neues, schneidendes Leid gesellt sich
Zu der willkomm'nen Bestätigung
Des tröstlichen Lichtes, dessen Bote
Einst der treue Philophron war.
Verbannt, vertrieben, an Bettelstab,
Und nun gesucht! Im Leben verabscheut
Und dann in Tode der rechte Mann!
Zu des Waldes Thieren hinausgestoßen,
Und nun reißen sie sich um ihn!
Als gefangenen seltnen Vogel
Will man ihn hegen, dessen Gefieder,
Wenn er verendet, Nutzen bringt.
Und den Sträubenden wird mit Gewalt
Kreon, der schonungslose, drohen!

Der sehnsuchtsvoll erwartete Hort,
Er kommt, er ist da, vor dem Flüchtling steht
Theseus. Könnt' er ihn seh'n, der Blinde,
Schauen würd' er, wie mild und hell
Unter des Helden behelmtem Haupt,
Der die Räuber, die Ungeheuer bezwungen,
Sitte, Gesetz und Recht gegründet,
Die Augen blicken; er würde fühlen:
In diesen Zügen, auf diesen Lippen
Wohnt Menschlichkeit.

Aber die Stimme kann er vernehmen,
Den herzlichen Ton, womit er spricht:
Du bist Laios' Sohn, ich weiß es,
Die dunkeln Höhlen der Augen schon
Bezeugen es mir. Sei unverzagt,
Sage mir frei, um was du bittest;
Es soll dir gewährt sein, vermag ich's irgend,
Was du auch wünschest. Ich hab's erfahren
Im eignen Leben, was fremdsein heißt,
Drum keinem Fremdling weigre ich Hilfe,
Ich bin ja Mensch.

„Ich komme zu dir, für diesen Leib,
Den welken, keinem Auge willkommnen,
Um Zuflucht und um ein Grab zu bitten.
Nicht fruchtlos wird die Gewährung sein:
Hoher Lohn ist der guten That,
Dem gastlichen Tugendwerk verheißen,
Heil und Segen bringt sie dem Lande,
Im Kriegskampf rühmlichen Waffensieg."
„„Das Unglück acht' ich auch ohne Lohn,""
Spricht Theseus, „„doch was dem Lande fromnt,
Muß mir heiliger Antrieb sein.
Du hast mein Wort, ich verlasse dich nicht.""
„Ich vertraue dir; eidlichen Schwur
Erbitt' ich nicht." — „„Du gewännest mehr nicht,
Als mein schlichtes Wort dir sagt.""
„Die Drohung von Thebä macht mich nicht zittern."
„„Ich fürchte sie nicht, sie wagen es nimmer,
Mein Name allein schon schreckt sie zurück.""

Dießmal zu sicher baut er darauf,
Der gewaltige Theseus. — Opferdienst
Ruft ihn; den Gott Poseidon feiert,
Des feurigen Rosses Schöpfer und Zähmer,
Den Schützer der waidenreichen Flur,
Die Gemeinde Kolonos, hoch ist das Fest,
Der König des Landes darf nicht fehlen,
Er drückt den besorgten Oedipus
Die Hand und scheidet auf kurze Zeit.

Kaum ist er hinweg, so hört man Schritte
Und der gefürchtete Kreon kommt.
Mit sanften Worten, nit Heuchelrede
Beginnt er, des Mitleids rührende Töne
Bietet er auf; Gesandter sei er
Des tiefbedauernden Volks von Thedä,
Als naher Verwandter auserwählt,
Weil er als solcher besonders innig
Mitfühlen nüsse des Königs Loos.
Ueberreden, rathen und bitten:
Dahin laute sein Auftrag nur.
Auch Antigone's Schicksal sei ja
Nur zu beklagen, die Jungfrau sei doch
Starken Entbehrungen und Gefahren
Als weidliches Wesen ausgesetzt;
Un ihretwillen allein schon sei es
Räthlich und Pflicht, der trauten Heimath
Schützendes Obdach wieder zu suchen.

Das alte Feuer, es lodert auf

Im Ungetäuſchten, die ſchönen Worte
Entlarvt er mit der geraden Wahrheit,
Die ſpätnachhinkende Gleißnergüte
Verſchmäht er, die Falle, die ſchlangeſtellte,
Stößt er hinweg und heißt ihn gehen,
Den lockenden Jäger, der ſie geſtellt.

Kreon erhitzt ſich, des Herzens böſe
Meinung, ſie bricht ihn nackt heraus.
Kein Mitleid wohnet in ſeiner Bruſt,
Er verachtet den Alten, den Bettelarmen,
Nicht hat er verziehen die alte Schuld,
Die ſchwergebüßte, und nie bedacht,
Was über den Menſchen kommen kann:
Nicht Unglück nur, nicht wirkliche, klare
Verſchuldung blos, nein, geiſterhaftes
Zwielicht, daß er ſich lebenslang
Entſetzliche Schuld vorrücken muß,
Quelle von unnennbaren Leiden,
Schuld, die zugleich auch nicht Schuld iſt,
Zubereitet und hingelegt
Unter die Füße auf den Weg,
Als hätten Dänonen ſich verſchworen,
Mit hölliſchem Zauber den leeren Zufall
Zur Schlinge, zum heimlichen Netz zu bilden.
Solches Geſpinnſt, er verſteht es nicht,
Denn er gehört zu den Selbſtgerechten,
Die da meinen, weil ſie ja ſelber
Ordentlich in ner durchgekommen,

Haben sie Götterlohn verdient;
Er gehört zu den weisen Meistern,
Die nicht weiter, als Schwarz und Weiß
Unterscheiden und kein Helldunkel
Kennen und keine finstern Tiefen,
Worin des forschenden Denkers Senkblei
Den Dienst verweigert, so daß er schweigt
Und Eines beschließt: Verzeihung, Mitleid!
Und er gehört auch zu den Beglückten,
Die nit dem Räthsel sich nie geplagt,
Wie es konne, daß kein Mensch jenals ·
Schuldlos wandelt und Schuld doch Schuld bleibt.

Unbarmherzig rückt er dem Blinden
Die alten grausen Thaten vor,
Ninner, so ruft er nit harter Stinne,
Ninner könne die Stadt Athen,
Wo auf des Ares heiligen Hügel
Zu Gerichte die ernsten Greise sitzen,
In ihrer Nähe die gröbsten Frevler,
Blutschänder und Vatermörder dulden.

Frei und ganz, wie es nie gelungen
In des Elends langen, lähmenden Jahren,
Freier und heller als vorhin noch,
Als er die scheuen Bürger nahnte
An des Unglücks Heiligkeit,
Hebt sich enpor aus Zweifels Virren,
Verstörendem Wirbel des Ja und Nein
Die gefolterte Seele des Oedipus.

„Schuldfrei bin ich, schuldig ist nur,
Der nit Wissen und Wollen Uebles gethan.
Des Vaters Geist selbst, könnt' er zum Lichte
Wiederkehren, er spräche nich frei.
Wer zum Schritt nur den Fuß erhebt
Und niedersetzt, zertritt auch Leben,
Und wär' es das Leben des Wurmes nur,
Der gerne wie jedes Geschöpf doch lebt.
Handle: du wirst auch schaden und fehlen.
Bin ich schuldig, es trifft nich nur
Die menschliche Schuld, die allgemeine,
Vertheilt an alle Geschlechter und Zeiten,
Die in des Daseins erdiger Wurzel
Den tiefen, dunkeln Grund hat.
Blind ist der Mensch; ist Blindheit Schuld,
So hab' ich sie selbst genug bestraft,
Als ich die Blindheit strafte nit Blendung,
Und habe genug durch euch gelitten,
Selbstsüchtige, mitleidlose Seelen!
Aber ich hoffe, sie sind nir gnädig,
Die strengen Wesen in Schlund der Erde,
Und haben dem Dulden ein Ziel beschlossen
Und werden vor deiner Faust nich hüten.
Dir aber und denen, die dich senden,
Dem Volke von Thebä, das ich beherrscht
Und wie ein Vater geliebet habe,
Den Söhnen, die sich in Bruderkrieg
Zerfleischen wollen, euch allen droht,
Die ihr nich grausam vertrieben habt

Und grausam zurück nun zwingen wollt,
Euch droht, ich fürcht' es, ich wünsch' es nicht,
Von den hehren Rächerinnen der Schuld
Unabsehliches Strafgericht."

Wir wollen es sehen, ob sie dich schützen,
Ruft der Gereizte und giebt ein Zeichen.
Im Dunkel des Waldes lauert schon
Bewaffnete Mannschaft, stark an Zahl;
Aus Thebä hat er sie mitgeführt
In's nicht gewärtige Nachbarland.
Sie stürzen hervor und reißen die Töchter
Vom Vater hinweg; die erschrocknen Bürger
Wehren mit nackten Armen umsonst;
An Hilfe gebricht's, beim Feste draußen
Weilt der Gemeinde rüstige Männerschaar;
Sie sind Bejahrte, die Kraft versagt,
Und nichts vermag der treue Philophron,
Auch er ein Bejahrter; das Schwert entreißt ihm,
Das rasch gezückte, der starke Feind.
Hilflos wehklagend muß es der Vater
Dulden, daß man die Kinder ihm
Hinwegschleppt, ja der Verlaßne selbst
Fühlt an Arne sich schon gepackt
Und glaubt sich in Thebä schon zu sehen,
Von nickenden Köpfen begrüßt, degafft.

Es brennt die Gefahr, des böotischen Landes
Grenze ist nah, dort werden die Räuder

Die köstliche Beute, des Segens Bürgschaft,
Bald in gesicherter Obhut bergen.

Gelähmt von Gefühle der Ohnmacht stehen
Die kolonischen Bürger, steht Philophron,
Wehmuthvoll thatlose Betrachter,
Die nun dem Armen das letzte Gut
Der späten Tage, die letzte Stütze
Hinweggrafft und zum schrecklichen Schluß
Die Hand der Gewalt an ihn selber legt,
Und Philophron, müde von so viel
Dunkeln Schlägen des Menschenschicksals,
Haucht in die Lüfte das trübe Wort:

Ist es an dem und steht es also
Um das Leben der Menschenkinder,
Kann nan so schuldlos schuldig werden,
Häuft sich für Schuld, die nicht Schuld ist,
So unerträglich des Leidens Maß,
Toden die Stürme, toden die Wogen
So wuthgrimmig von allen Seiten,
So sag' ich: der Wünsche größter ist,
Nicht geboren zu sein
Oder dahinzugehen bald,
Woher du gekommen.
So lange die Jugend grünt und blüht
Leichten, thörichten Sinnes voll,
Wer lebt ohne Bekümmerniß?
Keuchende Hetze der Leidenschaft,
Mord und Hader, Aufruhr, Kriegskampf,

Neid und Haß sind deine Gefährten,
Und an düsteren Ende naht
Das Alter, trostlos öd, an Freunden
Verarnt, der Mitwelt fremd,
Denn's gut noch geht, leicht aber zuletzt noch
Weh auf Weh zu Bergen gethürmt.

Da klirrt's in Gebüsch, da schimmert ein Helm,
Eine gewaltige Stinne befiehlt
Ruh' und Frieden, und leuchtend tritt,
Als schwebte ein Gott von Hinnel nieder,
Theseus in den geängsteten Kreis.
Ihm hatte nitten in Opferfest
Plötzliche Ahnung gepocht an's Herz,
Es war, als triebe ein Geist ihn fort,
Von fernher hat er den Lärm des Streits,
Die klagenden Rufe schon vernonnen.
Er fragt, nan berichtet, was da geschehen,
Das noch Wilderes jetzt in Werk ist,
Mit dürftigem Vorwand mühet sich
Kreon, die schlechte That zu begründen.
Eilende Boten sendet der König
Zur Festversammlung, die Männer dort
Sollen in Nu die Rosse besteigen,
Dem Kreon gedeut er: fort nit nir!
Du sollst selber den Weg uns zeigen,
Auf dem sie geflohen, die Mädchenräuber,
Und nit verhängten Zügeln sollen
Die rettenden reisigen Jäger sprengen!

Und den Erbleichten mit sich zwingend
Eilt er den eilenden Boten nach.

Zu Zeus empor, den Herrscher des Alls,
Zu Pallas Athene, zum hohen, schlanken
Waidmann Phöbos und seiner Schwester,
Der windschnellfüßigen Artemis
Steigen Gedete aus tiefer Brust,
Von bebenden Lippen in der bangen
Zeit des Wartens, deren Minuten
Aeonen gleich der zitternde Vater,
Der Zeugen klopfende Herzen zählen.

Und siehe! Die Jungfrau'n an der Hand,
Mit strahlenden Augen, hochbeglückt
Von dem Glück, das er bringen kann,
Die Wangen geröthet von der Freude,
Als ehrlicher Mann sein Wort zu halten,
Steht Theseus vor dem tiefauf=
Athmenden Greis und legt ihm die Kinder
In die Arme, die sehnlich ausgestreckten.
Junig umschlungen ruhen sie
An seiner Brust. So ganz unselig,
Ruft er, da ich mein Liebstes halte,
Kann mein Ende nun nicht mehr werden,
Und bittet die Götter, daß sie dem Lande,
Das sie noch ehret und edle Milde
Pflegt und Treu' und Wahrhaftigkeit,
Alles schenken, was er ihm wünscht,
Und greift nach des Retters Hand und freut sich,

Daß er sie noch berühren darf,
Und möchte das Haupt ihn dankend küssen
Und waget es kaum, doch Theseus drückt ihn
Herzlich die Hand und nimmt den Helm ab
Und beut ihm das Haupt zum Kusse hin.

Horch! ein nächtiger Donnerschlag!
In Schrecken und Ehrfurcht schweigen Alle,
Aber der Greis spricht hell und fest:
Die Stimme des Donnergottes ruft,
Es ist Zeit, ich bin bereit!
Und er beginnt aus der Töchter Armen
Sanft und langsam sich zu lösen.
Wieder ein Blitz und Donnerschlag,
Die Erde bebet, die Hörer beben.
Ein dritter Schlag, in Gewitternacht
Liegt begraben die Welt umher.

Aber ein inneres Licht geht auf
In Oedipus' Geist. Er schaut die Stelle
Im Dunkel des Eumenidenhains,
Vo zu sterben ihn nun gegönnt ist,
Als hätte er Augen, sie zu sehen.
Für Pilger, die ihn betreten wollen,
Ist ein reinigend Bad bereit
Am Saume des Hains, wohin des Kephissos
Lebendige Wasser geleitet sind;
Bekränzte Krüge zu Opferspenden
Stehen dabei, nicht ungeweiht
Soll irdischer Leid dem Geheimniß nahen.

„Dorthin geht und beschickt mir neues
Gewand und lasset es dort nich finden,"
Sagt er den Töchtern. Sie folgen traurig.

Während er wartet, springt vor der Seele
Auch die Binde der Zeit entzwei,
Auch in die Zukunft kann er schauen:
Was sie bezeugen, was sie verbürgen,
Die Blitze, die rollenden Donnerschläge,
Er ahnt es nicht nur, es ist ein Wissen;
Vor dem geöffneten innern Auge
Breitet sich lichthell aufgeschlagen
Das Bild der Blüthe des attischen Landes,
Das ihn beherdergt, das ihn beschützt
Und sein heiliges Grab umhegt.
Auf blutiger Walstatt wird gerungen,
Auf schäumenden Wogen drängt sich krachend,
Blitzend von Waffen Kiel an Kiel,
Helden kämpfen für Weib und Kind,
Für der Götter geweihte Stätten,
Barbarischen Feindes Stolz und Pracht
Liegt und schwimmt in Trümmern umher.
Neues Leben entsproßt dem Boden,
Der mit so theurem Blut getränkt ist,
Marmorne Hallen steigen empor,
Göttergebilde von Künstlerhand,
Majestätisch und anmuthvoll,
Schauen hernieder auf ihr Volk,
Am prangenden Fest in heitrem Wettstrei:
Tummeln sich um den Siegerkranz

Jünglinge, schön und schlank und gewandt
Wie Hermes selbst, ihr göttliches Vorbild.
Der Lyra melodische Töne tragen
Begeisterter Dichter Hochgesang.
Masken sieht er auf hoher Bühne
Wandeln, des Lebens ernsten Sinn
Spiegeln sie ab vor staunenden Augen,
Tausend und aber tausend Herzen
Klopfen und beben, und ach! sein eignes
Trübes, beweintes Ebenbild
Glaubt er zu schauen wie in Traun.
Aber ein Friede wehet ihn an,
Wie er in Schatten naher Platanen
Stille Gestalten gehen sieht,
Sinnende Männer, tief in Gedanken,
Welche der Weisheit göttlichen Samen
In die empfänglichen, reinen Seelen
Ringsum horchender Jünger streu'n.
Wer ist das Haupt mit der hohen Stirn?
Mit Blicken der Andacht hängen die jungen
Augen an ihn, von hohen Dingen,
Von der Seele Geburt aus himmlischer Lichtwelt
Spricht er, und wie sie ewigen Urbilds,
Das sie geschaut vor aller Zeit,
Mitten in Staubkleid sich erinnre,
Wie sie von Schein sich lernend befreie
Und mit dem Wesen Eines werde.
Oedipus kennt ihn nicht, doch dünkt ihn,
Er höre den Namen Plato nennen.

Das Bad ist gerüstet; der Greis vernimmt's,
Nickt und dankt nit verklärten Zügen,
Steht auf und schickt zun Gehen sich an.
Man will ihn führen, jegliche Hilse
Lehnet er ad und dittet freundlich,
Daß sie nach kurzer Zeit ihn suchen,
Zu enpfangen sein Lebewohl,
Und schreitet hinweg nit sicheren Tritten
Die in den Jahren der vollen Kraft,
Als ihm die Augen den Weg noch zeigten.

Schweren, erwartungsvollen Herzens
Haden die Töchter, die Freunde geharrt;
Wie sie sich nähern, steht er vor ihnen
fest und aufrecht,
Ein weißer Mantel wallt in großen
Falten von seiner Schulter herad,
Hoch und frei auf nervigen Nacken,
Nicht gesenkt nehr trägt er das Haupt,
Die Brust ist gewölbt, nichts Müdes und Schlaffes
Ist an der ganzen Gestalt zu sehen.

Ein Dröhnen tönt aus dem Erdenschoß,
Die Töchter beben, umfassen schluchzend
Des Vaters Kniee, an seine Brust
Hedt er sie auf und die Stinne beherrschend,
Die ihn vor Wehmuth drechen will,
Sagt er: von heut' an, arne Kinder,
Hadt ihr keinen Vater nehr!
Die Klage verhaucht in tiefen Seufzern,

Das letzte Haben genießen sie stumm
Verflochten, als könnte sie Niemand scheiden.

Da hören sie rufen eine Stimne:
Oedipus, komm', nicht länger zögre!
Keine Zunge benennt's, kein Wort besagt es,
Wie wunderbar der Laut erklang,
Wie hocherhaben und doch wie huldreich;
Ruft es von oben? ruft es von unten?
Ruft es von draußen? Von hier? Von dort?
Kein menschliches Ohr kann hören, woher?
Zu eng sind die Sinne für solchen Laut.

Eines hat er auf Erden noch,
Der willige Aufgebotne, zu thun.
Mit andrem Vertrauen, als zur Zeit,
Da er sie Kreon anbefahl,
Uebergiebt er die Töchter nun
Dem treuen Theseus, innig bittend,
Daß er ein zweiter Vater sei
Den Armen, bald nun ganz Verwaisten;
Und Theseus, nicht zu schwören gewohnt,
Dießmal, in dieser Schicksalsstunde
Gelobt er Treue mit hohen Eid.
Und Philophron, der alte Freund,
Giebt sich als seines Willens Werkzeug
Als stetiger Pfleger in seinen Dienst,
Um nimmer die Einsamen zu verlassen.
„Ihr müßt jetzt scheiden, ihr dürft nicht folgen!
Ertraget es, Kinder, mit starkem Sinn!

Du nur Theseus, Haupt des Landes,
Darin ich für immer ruhen soll,
Du, von den Göttern auserkoren,
Mir die letzte Liebe zu thun,
Darfst des Kommenden Zeuge sein."

Der letzte Kuß, die letzte Umarmung —
Der Töchter Trost, den treuen Philophron
Noch einmal dankbar an's Herz gedrückt,
Und das schwere Scheiden, es ist vollbracht.

Im heiligen Oelwald ist ein Schlund,
Dem rauhen Rande hat Menschenkunst
Die Form der ehernen Schwelle gegeben,
Aber zum Eintritt ladet sie nicht,
In unergründliche Tiefen führt
Die nächtliche Kluft, die Schwelle des Hades
Ist die Stufe von Erz benannt.
Dort wohnen in unerforschtem Dunkel
Die ernsten Wesen, die Rächerinnen,
Versöhnt und gnädig dem frommen Volke
Seit dem Tag des Orestesgerichts
Und mild gesonnen, zu furchtbar nicht,
Nicht in's Grenzenlose zu strafen
Entschuldbare und bereute Schuld;
Herrlicher Gaben sind sie mächtig,
Sie können martern, sie können segnen.

Dorthin wendet sich Oedipus.
Noch ist kein Wanken an ihn zu sehen,
Vorwärts geht er mit jenen Schritten,

Wie er als König einst gegangen
An heiligen Tagen, wenn er zum Opfer
Voran dem festlichen Zuge schritt.
Doch hört man die festen Tritte nicht,
Es ist, als schwebt' er, leise wehen
Des weißen Mantels bewegte Falten;
Es ist, als ob er den Geisterreich,
Dem seligen jetzt schon angehörte,
Den heiligen Schatten, die nicht leben,
Doch in der Geistwelt ewigen Hallen
Ewig licht und lebendig sind.

Ihm an der Seite zu bleiben scheut sich
Der Heldenkönig von Attika,
Kürzeren Schrittes folgt er stumm
Der ehrfurchtwerthen Erscheinung nach.

Gehorsam ferne weilen die Drei,
Vom Haine die Häupter abgewendet,
Von unnennbarer Bewegung zitternd,
Bis sie die Zeit gekommen glauben,
Zu nahen und in das dämmernde Dickicht
Durch die verwachs'nen Aeste die scheuen,
Bangen Blicke hineinzusenden.

Vorgebeugt, vorstreckend das Haupt,
Mit den Händen die Augen sich deckend
Sehen sie Theseus stehen, geblendet,
Ueberwältigt von nie geseh'nem,
fremdem, unaussprechlichem Licht.
Und wie es verblaßt und langsam schwindet,

Sinkt er nit ausgedreiteten Armen
Nieder, als wollt' er den Boden faffen,
Und detet.
Was er gefehen, er hat es keiner
Seele gefagt, und wollt' er es fagen,
Er könnt' es nicht.
Aber die laut wehklagenden Töchter
Tröftet er herzlich. Sünde ja wär' es,
Sprach er, fort und fort zu dejannern
Den Vater, der zu den Schatten ftieg
freudig, dem feligen Ende zu.

Feierlich finkt die Sonne hinad,
Purpurgluth ift ausgegoffen
Ueder die Höhen, über die Flächen,
Ueder die Waffer, über die Lande.
Sie löst fich gemildert in zartes, feines
Rofenroth, die graulichen Wipfel
Des Eumenidenhains erblühen
Vie von warnen himmlifchem Gruße
Verflärt; ein fanftes flüftern geht
Durch das Gezweig, der einzige Laut ift's,
Den nan verninnt. Ein ftiller friede
Breitet fich über Berg und Thal.
In lichtdurchdrungenem Aether fchwimmt
Die felige Welt.

Inhaltsverzeichniß.

Mittlere und späte Zeit.